Claus Bröckelmann

# Bewegte Schule – ein Konzept für die Sekundarstufe I an Gymnasien?

## Analyse der Möglichkeiten und Grenzen aus Sicht der Lehrkräfte

disserta
Verlag

**Bröckelmann, Claus: Bewegte Schule – ein Konzept für die Sekundarstufe I an Gymnasien? Analyse der Möglichkeiten und Grenzen aus Sicht der Lehrkräfte, disserta Verlag, 2013**

ISBN: 978-3-95425-118-6
Druck: disserta Verlag, Hamburg, 2013
Covermotiv: © laurine45 – Fotolia.com

**Bibliografische Information der Deutschen Nationalbibliothek:**
Die Deutsche Nationalbibliothek verzeichnet diese Publikation in der Deutschen Nationalbibliografie; detaillierte bibliografische Daten sind im Internet über http://dnb.d-nb.de abrufbar.

Die digitale Ausgabe (eBook-Ausgabe) dieses Titels trägt die ISBN 978-3-95425-119-3 und kann über den Handel oder den Verlag bezogen werden.

Dieses Werk ist urheberrechtlich geschützt. Die dadurch begründeten Rechte, insbesondere die der Übersetzung, des Nachdrucks, des Vortrags, der Entnahme von Abbildungen und Tabellen, der Funksendung, der Mikroverfilmung oder der Vervielfältigung auf anderen Wegen und der Speicherung in Datenverarbeitungsanlagen, bleiben, auch bei nur auszugsweiser Verwertung, vorbehalten. Eine Vervielfältigung dieses Werkes oder von Teilen dieses Werkes ist auch im Einzelfall nur in den Grenzen der gesetzlichen Bestimmungen des Urheberrechtsgesetzes der Bundesrepublik Deutschland in der jeweils geltenden Fassung zulässig. Sie ist grundsätzlich vergütungspflichtig. Zuwiderhandlungen unterliegen den Strafbestimmungen des Urheberrechtes.

Die Wiedergabe von Gebrauchsnamen, Handelsnamen, Warenbezeichnungen usw. in diesem Werk berechtigt auch ohne besondere Kennzeichnung nicht zu der Annahme, dass solche Namen im Sinne der Warenzeichen- und Markenschutz-Gesetzgebung als frei zu betrachten wären und daher von jedermann benutzt werden dürften.

Die Informationen in diesem Werk wurden mit Sorgfalt erarbeitet. Dennoch können Fehler nicht vollständig ausgeschlossen werden und der Verlag, die Autoren oder Übersetzer übernehmen keine juristische Verantwortung oder irgendeine Haftung für evtl. verbliebene fehlerhafte Angaben und deren Folgen.

© disserta Verlag, ein Imprint der Diplomica Verlag GmbH
http://www.disserta-verlag.de, Hamburg 2013
Hergestellt in Deutschland

# INHALTSVERZEICHNIS

1 RELEVANZ UND PROBLEMSTELLUNG DER ARBEIT ................... 7
2 DIE „BEWEGTE SCHULE": THEORETISCHER ANSATZ ............... 11
   2.1 ZUR HISTORIE DER BEWEGUNG AN SCHULEN ........................ 11
   2.2 BEGRÜNDUNGSMUSTER FÜR „BEWEGTE SCHULE" ................. 14
      2.2.1 Entwicklungs- und lerntheoretische Begründungen ................. 15
      2.2.2 Gesundheitliche Begründungen ............................................. 18
      2.2.3 Schulprogrammatische Begründungen ................................... 21
      2.2.4 Zwischenfazit ......................................................................... 22
   2.3 MERKMALE „BEWEGTER SCHULE" ........................................... 24
      2.3.1 Rahmenmerkmale ................................................................... 24
      2.3.2 Inhaltsmerkmale ..................................................................... 28
      2.3.3 Zwischenfazit ......................................................................... 36
3 METHODIK & INSTITUTIONELLE ASPEKTE ............................... 39
   3.1 QUALITATIVE INTERVIEWS ......................................................... 39
      3.1.1 Design der Studie und Vorgehen ........................................... 39
      3.1.2 Leitfaden der Interviewfragen ............................................... 41
      3.1.3 Dokumentation, Transkription und Auswertung der Interviews ....... 44
   3.2 (BEWEGUNGS-)PORTRAITS DER SCHULEN ............................... 46
      3.2.1 Das Gymnasium Johanneum in Wadersloh ........................... 47
      3.2.2 Das Goerdeler-Gymnasium in Paderborn .............................. 48
4 EVALUATION ....................................................................................... 51
   4.1 UNTERRICHTSSTÖRUNGEN ......................................................... 51
      4.1.1 Präventionsmaßnahmen ......................................................... 51
      4.1.2 Interventionsmaßnahmen ....................................................... 52
      4.1.3 Zwischenfazit ......................................................................... 53
   4.2 EMPFINDUNG DER BEWEGUNG IM KLASSENRAUM ............. 54
      4.2.1 Störende Bewegung ............................................................... 54
      4.2.2 Akzeptable Bewegung ........................................................... 55
      4.2.3 Zwischenfazit ......................................................................... 55
   4.3 EINSCHÄTZUNGEN ZUM KONZEPT ........................................... 56
      4.3.1 Gesamtkonzept ....................................................................... 56

| | | |
|---|---|---|
| 4.3.2 | „Bewegtes Lernen" | 58 |
| 4.3.3 | „Bewegtes Sitzen" | 60 |
| 4.3.4 | Bewegungspausen | 61 |
| 4.3.5 | Schulleben: Schulhof-, Raum- und Pausengestaltung | 62 |
| 4.3.6 | Kooperation mit Vereinen | 64 |
| 4.3.7 | Zwischenfazit | 65 |
| 4.4 | BEWEGUNGSANGEBOTE DER LEHRKRÄFTE | 68 |
| 4.4.1 | Angewandte Bewegung im Unterricht | 68 |
| 4.4.2 | Schwierigkeiten, Bewegung anzubieten | 71 |
| 4.4.3 | Zwischenfazit | 72 |
| **5** | **KONKLUSION UND AUSBLICK** | **73** |
| **6** | **LITERATURVERZEICHNIS** | **77** |
| **7** | **ANHANG** | **87** |
| 7.1 | LEITFADEN | 87 |
| 7.2 | INTERVIEW-TRANSKRIPTE | 89 |
| 7.2.1 | IPGoe1 | 89 |
| 7.2.2 | IPGoe2 | 101 |
| 7.2.3 | IPGoe3 | 109 |
| 7.2.4 | IPGoe4 | 116 |
| 7.2.5 | IPGoe5 | 121 |
| 7.2.6 | IPJoh1 | 125 |
| 7.2.7 | IPJoh2 | 129 |
| 7.2.8 | IPJoh3 | 135 |
| 7.2.9 | IPJoh4 | 139 |
| 7.2.10 | IPJoh5 | 142 |
| 7.3 | INFO-BLATT „BEWEGTE SCHULE" | 147 |

# 1 RELEVANZ UND PROBLEMSTELLUNG DER ARBEIT

*An unserer Körperlichkeit kommt keine Schule als Lern- und Lebensraum vorbei.*

(Ralf Laging[1])

Die gesellschaftlichen Bedingungen, unter denen Menschen aufwachsen, sind immer fortwährenden Entwicklungen und Veränderungen unterworfen. Technisierung, Mediatisierung, Motorisierung und Urbanisierung haben sich in den letzten Jahrzehnten deutlich auf die Entwicklung der Kinder und Jugendlichen ausgewirkt. Die Verbreitung von neuen elektronischen Medien nimmt einen enormen Einfluss auf die Freizeitgestaltung und durch die Veränderung der Wohn- und Verkehrssituation werden Spielfreudige in ihren Spiel- und Bewegungsmöglichkeiten, sowie der Befriedigung ihres Dranges nach Bewegung „an der frischen Luft" eingeschränkt. Eine Untersuchung, welche Kretschmer und Giewald 2000 an Grundschulen im Hamburger Raum durchführten, zeigte auf, dass die Mehrheit der befragten Kinder meistens in der Wohnung spielen (Kretschmer & Giewald, 2001, S. 47). Hurrelmann (2004) spricht von einem „Trend von der ‚Entstraßlichung' zur ‚Verhäuslichung'" (S. 24, zitiert nach Zinnecker, 1990). Es herrscht ein „Mangel an Sinnes-, Bewegungs-, Spiel-, Sozial- und Eigentätigkeitserfahrungen" (Kretschmer & Giewald, 2001, S. 44).

Weniger Zeit und Gelegenheit für körperliche Aktivität bedeutet für Heranwachsende auch zunehmende Risiken: physische und psychische Gesundheit können unter dem Mangel an Bewegung leiden. Auch ändern sich parallel andere Lebensgewohnheiten, allen voran das Ernährungsverhalten vieler Kinder.

Die Institution „Schule" ist der Ort, welcher mit präventiven und kompensatorischen Maßnahmen in Bezug auf Bewegung alle Heranwachsenden erreichen könnte. Jedoch beschreibt Klupsch-Sahlmann (1995, S. 14), wie „guter Unterricht" in den Augen vieler Schüler und Schülerinnen[2], Eltern und nicht zuletzt Lehrer auszusehen hat, wie folgt:

---

[1] In: Laging, 2006, S. 12
[2] Im Folgenden werde ich zum Zweck der besseren Lesbarkeit generell das generische Maskulinum verwenden. Bezeichnungen gelten selbstverständlich auch für Personen weiblichen Geschlechts, sofern nicht anderweitig gekennzeichnet.

Die Schule ist der Ort, wo Kinder und Jugendliche etwas für das Leben lernen sollen! Dazu ist der Unterricht da. Konzentriertes Lernen ist nur dann möglich, wenn die Lernenden frontal auf die Lehrkraft ausgerichtet, auf Bücher und Arbeitsblätter, auf Folie, Wandkarte und Tafel konzentriert sind und ruhig dem Unterricht folgen. Bewegung wird als Störung betrachtet, ebenso wie Veränderungen der Sitzhaltung, die als unschicklich gelten.

An dieser weit verbreiteten Annahme hat sich bis heute nicht viel geändert. Jedoch wurde durch Studien wie PISA in den Jahren 2000 und 2009 oder TIMSS 1999 aufgezeigt, dass es eher (mittel-)mäßig um die Schulleistungen der Schüler in Deutschland bestellt ist. Dies kann allerdings nicht allein darin begründet liegen, dass Kinder heutzutage mehr (Frei-) Zeit vor dem Computer oder Fernseher verbringen, während sie in dieser Zeit ihre Synapsen durch körperliche Aktivität ‚in Schwung bringen' könnten. Auch die ausgeprägte ‚Sitz- und Zuhörkultur' in Schulen trägt dazu bei, dass Schüler nicht optimal lernen. Körperliche Aktivität findet in vielen Schulen maximal im Sportunterricht und in AGs statt. Den umfassenden Anforderungen der Schüler an Bewegung kann dies allein aber nicht genügen, denn „das Bedürfnis nach Bewegung entsteht nicht pünktlich […] wenn die beiden großen Pausen beginnen […]. Und es endet auch nicht nach 45 Minuten am Ende der Sportstunde" (Klupsch-Sahlmann, 2001, S. 75). Auswege sind daher nicht allein in außerschulischen Projekten und Konzepten oder in Vereinen zu suchen. Die Schule selbst kann durch Veränderungen dazu beitragen, dass Kinder wieder motivierter, lernbereiter und konzentrierter werden. Eine Reihe von Schulen setzt dies bereits in die Tat um und bezeichnet sich als „Bewegte Schule": „Jene Einrichtung, die Bewegung in den Unterrichtsfächern und im Schulalltag zum Prinzip des Lernens und des Lebens macht" (Balz, Kössler & Neumann, 2001, S. 41). In diesen Schulen werden angemessene Bewegungsangebote in die Fächer und in das Schulleben eingebracht, integriert und nachhaltig kultiviert (Aschebrock & Pack, 2008, S. 13).

Das Konzept der „Bewegten Schule" ist überwiegend in Grundschulen anzutreffen, wobei der Einsatz von Elementen „Bewegter Schule" für viele Lehrkräfte an dieser Schulform eine Selbstverständlichkeit darstellt. Dies wird vor allem damit begründet, dass in der Primarstufe das Lernen unter Einbezug von Bewegung häufig und erfolgreich eingesetzt werden kann, weil Kinder sich Wissen vor allem über eine handelnde

Ebene aneignen. Zudem können sich gerade jüngere Kinder weniger lange stillsitzend konzentrieren und benötigen die Bewegung, um das Sitzen auszugleichen.

Laut der Forschungsgruppe „Bewegte Schule" in Sachsen wünschten sich fast 90% der Viertklässler, auch in der fünften Klasse „bewegt" zu lernen (Müller & Petzold, 2006, S. 9). An weiterführenden Schulen, vor allem Gymnasien, wird „Bewegte Schule" jedoch wenig angewandt, obwohl natürlich auch diese Schulformen gesellschaftlichen Veränderungen ausgesetzt sind und die Schüler den Bewegungsdrang nicht einfach nach der vierten Klasse ablegen. Zudem lässt sich theoretisch jedes durch die verschiedenen Autoren vorgestellte Element zum Einsatz von Bewegung an Schulen auch an Gymnasien anwenden. Verglichen mit der „regelrechten Flut an wissenschaftlichen Veröffentlichungen" (Thiel, Teubert & Kleindienst-Cachay, 2009, S. 14) zur „Bewegten Grundschule" fällt die Literatur zum „Bewegten Gymnasium" allerdings mager aus. Da sich die Ideen für und Ergebnisse aus den Grundschulen nicht gänzlich auf Gymnasien übertragen ließen und auch die Durchführung an den anderen weiterführenden Schulen nur teilweise transferierbar wäre, bleibt somit der Punkt der Umsetzbarkeit des Konzeptes an dieser Schulform, wobei folgende Frage aufkommt:

- Wie lauten die fachwissenschaftlichen und -didaktischen Begründungen für „Bewegte Schule" und welche davon gälten auch für Gymnasien?

Zudem ist der thematische Umgang der eigentlichen Adressaten der Diskussion um die „Bewegte Schule", der Schulen selbst, von enormer Relevanz. Die praktische Umsetzung eines solchen Konzepts ist immer an die Lehrkräfte gebunden, sie bestimmen die Differenz zwischen der Erziehungswissenschaft und der Erziehungswirklichkeit:

- In welchem Maße ist aus Sicht der Gymnasiallehrer die Möglichkeit gegeben, Bewegung in den Schulalltag der Sekundarstufe I an Gymnasien zu integrieren und welche Elemente der „Bewegten Schule" sind für diese Lehrkräfte praktisch implementierbar?

Das Ziel dieser Arbeit gestaltet sich wie folgt: Es soll über die Betrachtung theoretischer Annahmen und die Erfassung subjektiver Einschätzungen herausgestellt werden, inwiefern das Konzept der „Bewegten Schule" an Gymnasien durchführbar ist. Dazu sollen zum einen vorhandene Argumente für und Eigenschaften der „Bewegten Schule" zusammengetragen und dabei Daten zur Primarstufe und Sekundarstufe I auf das Gymnasium übertragen werden. Zum anderen sollen Einschätzungen von Gymnasiallehrkräften zu Möglichkeiten gesammelt und dabei die persönlich empfundenen Chancen und Grenzen erarbeitet werden.

Im Folgenden wird im **2. Kapitel**, dem theoretischen Ansatz dieser Arbeit, zunächst der geschichtliche Hintergrund zum Einsatz von vermehrter Bewegung an Schulen beleuchtet. Des Weiteren werden die Begründungsmuster zusammengetragen und dabei herausgestellt, ob und inwiefern sich die Begründungen für Bewegung an Gymnasien von denen der anderen Schulformen unterscheiden. Es folgt die Skizzierung der Merkmale „Bewegter Schule", auch hier wird auf mögliche Unterschiede zwischen den Schulformen hingewiesen. Anschließend wird im **3. Kapitel** die meinem Praxisteil zugrunde liegende Methodik und die institutionellen Aspekte der betreffenden Gymnasien dargelegt. Die praktischen Untersuchungen im **4. Kapitel** beziehen sich auf durch mich geführte qualitative Interviews mit Lehrkräften. Die Aussagen der Lehrer zeigen die sich bietenden Chancen für mehr Bewegung an Gymnasien auf, beleuchten aber auch die Grenzen des Konzepts. Abschließend erfolgen im **5. Kapitel** eine Zusammenfassung auf Grundlage der theoretischen Daten und der Ergebnisse aus den Interviews, sowie ein Ausblick mit Vorschlägen zu potentiellen Verbesserungen.

# 2 DIE „BEWEGTE SCHULE": THEORETISCHER ANSATZ

Kaum ein Thema hat die deutsche (Sport-)Pädagogik in den letzten Jahren so beschäftigt wie das der „Bewegten Schule". Dazu trugen vor allem die oben genannten Schulleistungsuntersuchungen bei, welche hierzulande die kognitiven Defizite der Schüler offenbarten. Wissenschaftler und Pädagogen waren und sind versucht, diesem Missstand möglichst effektiv entgegenzuwirken. Ein Blick in die Vergangenheit verdeutlicht, dass nicht erst seit kurzem dem Thema „Bewegung im Schulleben" ein hoher Stellenwert zugemessen wird. *Historische Beispiele* von in die Schule implementierter Bewegung können trotz veränderter gesellschaftlicher Vorzeichen auch heute noch positive Erkenntnisse liefern. Es folgt die Erläuterung der *Begründungsmuster* für einen Einsatz des Konzepts, sowie die Präsentation der *Merkmale* „Bewegter Schule".

## 2.1 ZUR HISTORIE DER BEWEGUNG AN SCHULEN

Die „Bewegte Schule" hat besonders seit 1983 durch Urs Illi an Popularität gewonnen, als der Schweizerische Verband für Sport in der Schule (SVSS) eine Tagung zur Thematik der Rückenbeschwerden vieler Schüler abhielt. Bewegung in der Schule war aber schon vor den 80er Jahren ein vieldiskutiertes Thema.

Bereits Ende des 18. Jahrhunderts gab es Denkanstöße und Umsetzungen von körperlicher Aktivität in Bildungsinstitutionen: Leibesübungen, Bewegung und Spiel wurden von den philanthropischen Musterschulen in Dessau und Schnepfenthal in den Schulalltag integriert, um dem „langen Stillsitzen" und der „fortgesetzten Anstrengung der Aufmerksamkeit und des Gedächtnisses im Memorieren" entgegenzuwirken, welches die Kinder „verabscheuen" (Stibbe & Stariha, 2007, S. 49). Die philanthropischen Reformer waren der Ansicht, durch eine vernunftgeleitete, natürliche Erziehung irdische Glückseligkeit und Vollkommenheit zu erreichen, wozu es einer harmonischen Entwicklung von Körper und Geist bedürfe. Der Mensch nehme Eindrücke über seine Sinne auf, welche vom Geist verknüpft werden und das Lernen somit ermöglichen. So war es eine Idee, den Sitzzwang zu lockern, weil „alle diejenigen Handlungen des

Fleisses, welche ebenso gut im Gehen und Stehn, als auch im Stillsitzen können verrichtet werden, auf die erste Art geschehen [sollen]" (ebd.). Zudem waren gymnastische und Leibesübungen täglich von 11-12 Uhr vorgesehen. Auch die Weiterentwicklung der Gymnastik durch GutsMuths wurde von den Philanthropen in das pädagogische Konzept eingebunden, zum Beispiel die systematische Messung und Protokollierung individueller Leistungen und der lebensvorbereitende Nutzen der Übungen.

Mitte des 19. Jahrhunderts erkannten die Herbartianer die Bedeutung des Schullebens als wichtiges Erziehungsmittel (ebd., S. 51) neben dem Unterricht. Ein Beispiel für das Schulleben ist unter anderem das Turnen, mit „seinen Spielen und Anstrengungen" und „Festen". An Stoys Übungsschule wurde nach dem eigentlichen Unterricht, welcher von 7-12 Uhr im Sommer, bzw. von 8-12 im Winter stattfand, ein nachmittägliches Schulleben angeboten, welches Phasen der Anspannung und Erholung bot. Rein, Pickel und Scheller setzten sich im Jahre 1903 für eine den Bedürfnissen der Schüler angemessene, also freie Spielzeit ein; erst in Mittel- und Oberstufe sollten feste Turnzeiten eingeführt werden. Auch könnte man mit den Schülern tägliche 5-minütige Gemeinübungen durchführen (ebd., S. 52).

In den „Deutschen Landerziehungsheimen" setzte Lietz Anfang des 20sten Jahrhunderts auf der Basis der englischen Internatserziehung die „praktische Pädagogik auf dem Lande" (ebd., S. 53) durch. Dort sollten die Kinder und Jugendlichen eine „allseitige Entwicklung" erfahren um „an Leib und Seele gesund und stark" zu sein. Der Tagesablauf sah einen Wechsel von wissenschaftlichen und körperlichen Tätigkeiten und von Anstrengung und Erholung voraus. Leibes-, beziehungsweise „Körperübungen" waren täglich für zwei Stunden vorgesehen, nach dem Aufstehen, in den Schulpausen und im Nachmittag.

In den 30er Jahren band das reformpädagogische „Schulmodell Tiefensee" Leibesübungen, Spiel und Bewegung, aber auch Arbeit in das Schulleben ein. Der Leiter der Dorfschule, Adolf Reichwein, beschrieb diese als „Schule der Tat" (ebd., S. 55), in welcher Belehrung abgelehnt werden solle und selbsttätiges Handeln, sowie die Teilnahme aller großgeschrieben werde. Die Schüler sollten in einer „selbsttätigen Erziehungsgemeinschaft" auf das „offene Gelände der Zukunft" vorbereitet werden.

Arbeit im Garten, Naturbeobachtung, Teilnahme an und Vorbereitung für Feierlichkeiten: All dieses sollte die praktische Erfahrung der Schüler in einem „sozialen und kulturellen Erfahrungsraum" fördern. Der Unterricht selbst war ganzheitlich, denn zum vormittäglichen Unterricht gesellten sich fächerübergreifende, oft freiwillige Aktivitäten, welche mit dem Unterricht an sich verbunden waren. Auch Bewegung und Leibesübungen fanden sich darin wieder, unter anderem bei Musik und Tanz, beim Theater oder der Gymnastik. Leibeserziehung wurde als wesentliches Element der Gesamterziehung angesehen, sowohl auf die Schulung des Körpers bezogen, als auch mit Ausgleichs- und „Lockerungsfunktion".

Lehrer Karl-Heinz Trapp ließ 1952 an der Volksschule in Elmendorf einen Schulturngarten erbauen, da er verstärkt auf die spielerischen Bedürfnisse der Schüler eingehen wollte:

> Jedenfalls sagten mir die Schüler: ‚Aber wir kommen nicht gerne. Was sollen wir hier? Wir können ja nirgends spielen, uns austoben.' ‚Gut', sagte ich, ‚dann hole ich euch eure Welt, eure Spielwelt, an die Schule.' Und da habe ich den Turngarten gebaut. (Dühlmeier, 2004, S. 360)

Zu diesem Zweck ließ Trapp in der Schule nicht nur dies Erholungs- und Bewegungsraum errichten, sondern entschied sich dazu, zum weiteren Ausgleich der Kinder eine tägliche halbstündige Turnzeit einzuführen und zudem den Turnunterricht ausschließlich draußen stattfinden zu lassen. Die kindgerechte Umgestaltung des traditionellen Schulhofs sollte den Wünschen der Schüler nachkommen. Auch hatte der Pädagoge bei vielen Kindern Haltungsschäden erkannt, weshalb Trapp eine 30-minütige Turnpause zwischen der dritten und vierten Stunde ansetzte. Darüber hinaus konnten die Schüler auch nach der vierten Stunde noch einmal für zehn Minuten in den Turngarten gehen und sich austoben, um dann „frisch in den Unterricht" zu kommen und „aufnahmefähig wie am Morgen" (ebd., S. 363) zu sein.

Zurück zu Urs Illi: Dieser wollte dem belastenden Sitzen Bewegung entgegensetzen und so den eher bewegungseinschränkenden Unterricht verändern. Die losgetretene Diskussion wurde vertieft und ein aktiv-dynamisches Unterrichtsprinzip mithilfe von bewegten Pausen, Entlastungsbewegungen und mentaler Entspannung gefordert. Des Weiteren sollten unter anderem Lernen in Bewegung durch bewegliches Schulmobiliar und die wohnliche Gestaltung des Klassenraumes intensiviert werden (Thiel et al., 2009, S.13). Diese Ideen gingen konform mit der entstandenen Schulreformbewegung, welche Schule als einen „Lebens-, Lern- und Erfahrungsort von Kindern" beschrieb. Durch Bewegung und „gesunde Schule" sollte zudem der Krise der kindlichen Bewegungswelt entgegengewirkt werden. Folglich wurde in vielen Einzelexperimenten versucht, Bewegung mit in den Schulalltag einfließen zu lassen, was vor allem im Primarstufenbereich geschah (Thiel et al., 2009, S.14).

Auch auf dem Gebiet der Literatur gibt es, vor allem seit den 90er Jahren eine regelrechte Flut von fachdidaktischen und -wissenschaftlichen Entwürfen, welche sich im Grunde alle mit dem Einbezug von Bewegung in den Unterricht beschäftigen (Thiel et al., 2009, S.15). Viele von ihnen behandeln die Themen „aktive/bewegte Pausen", „Anspannung und Erholung" und die Mobiliarfrage. Zudem werden Aspekte wie die individuelle Förderung der Schüler oder sogar Teilaufhebung der Fächerung vertieft. Jedoch gibt es zu „Bewegter Schule" bis heute keinen wirklichen Konsens, keine einheitlichen Bestimmungen und oft eher aktionistisches Verhalten. Dies liegt größtenteils in der Tatsache begründet, dass „Bewegte Schule" ein „komplexes Vorgehen mit weitreichenden Ansprüchen" (Thiel et al., 2009, S.18) ist. Auch sind qualitative Studien mit eindeutigen empirischen Ergebnissen Mangelware. Aus Gründen der Pragmatik gibt es meist nur Ergebnisse aus quantitativen Studien, welche diverse ausgewählte Parameter bemühen, um den positiven Einfluss von Bewegung im Schulalltag zu beschreiben. Dass es aber einer Reformierung der Institution Schule bedarf, vereint die Gedankengänge aller Autoren.

## 2.2 BEGRÜNDUNGSMUSTER FÜR „BEWEGTE SCHULE"

Wie bereits in der Einleitung und im historischen Kontext angedeutet wurde, existiert eine Reihe von Begründungen, warum Bewegung in der Schule – auch außerhalb des eigentlichen Sportunterrichts – für die Heranwachsenden positive Auswirkungen haben kann. Diese werden im Folgenden detailliert dargestellt. Ich orientiere mich hierbei an der Einteilung durch Thiel et. al. (2009) in entwicklungs- und lerntheoretische, gesundheitliche und schulprogrammatische Begründungen. Die einzelnen Punkte anderer

Autoren, zum Beispiel die Unterteilung in zehn Argumente für „Bewegte Schule" durch die Regensburger Projektgruppe (2001), lassen sich hier problemlos einordnen, ohne dass dies die Übersicht beeinträchtigt. Im Praxisteil dieser Arbeit werden in den Antworten der Lehrkräfte einige dieser Begründungen für mehr Bewegung an Schulen wiederzufinden sein.

Eine Vielzahl der Begründungsmuster, vor allem in Bezug auf das Gymnasium, ist argumentativen Gedankengängen entsprungen und (noch) nicht definitiv nachgewiesen. Auf die teilweise vorhandenen empirischen Belege wird hingewiesen. Des Weiteren finden sich bei einigen Autoren auch Hinweise auf die Lehrerperspektive, wobei hierzu erwähnt werden muss, dass nur ein geringer Teil der Literatur verwertbare Hinweise hierauf liefert.

### 2.2.1 Entwicklungs- und lerntheoretische Begründungen

Es wird in der Fachliteratur eine Vielzahl potentieller Auswirkungen körperlicher Aktivität in der Schule auf die Entwicklung und das Lernen der Schüler diskutiert. Besonders in der Grundschule wird das Lernen unter Einbezug von Bewegung häufig und erfolgreich eingesetzt, weil Kinder sich Wissen zuerst über eine handelnde Ebene aneignen. „Kinder erkunden und erschließen sich ihre Welt vorwiegend über Bewegung und mit allen Sinnen: sie wollen ihre Umwelt ertasten, fühlen, sehen, riechen, hören, begreifen" (Kottmann, Küpper & Pack, 2005, S. 19). Zudem ist „Wahrnehmung (…) leibgebunden, und das heißt, sie wird über alle Sinne ganzheitlich erfahren" (Baake, 1984, S. 133). Das Wahrnehmen von Informationen soll aktiv verarbeitend geschehen, was bedeutet, dass Heranwachsende zuerst eine Vorstellung entwickeln und dieser dann eine Reaktion folgen lassen; etwas wahrnehmen und sich bewegen hängen somit zusammen. Günzel (1997, S. 10) argumentiert, dass Wahrnehmungen umso intensiver geschult würden, je vielfältiger Bewegung bei Kindern ausfiele. Diese nehmen Umwelteinflüsse weniger mit ihren geistigen Fähigkeiten, als vielmehr über Sinne und den Körper wahr. Zudem bedeutet konzentriert arbeiten nicht zwingend, still sitzen zu müssen. Im Gegenteil: „Bei sehr bewegungseingeschränkten Tätigkeiten, wie z.B. dem Sitzen, erfolgt die Energiebereitstellung auf sehr niedrigem Niveau. Der Parasympathikus als ‚Ruhenerv' arbeitet verstärkt. Folgen sind Ermüdung und damit verbundene

Denk- und Konzentrationsschwierigkeiten" (Müller & Petzold, 2006, S. 16, zitiert nach Dickreiter, 1997, S. 15). Wer sich hingegen „bewegt, dem fällt das Denken leichter" (ebd., S. 17, zitiert nach Lehrl & Fischer, 1994, S. 182), denn „bereits Bewegungen mit geringer Intensität (Gehen, Aufstehen, Setzen) reichen aus, um die Sauerstoff- und Zuckerversorgung des Gehirns zu verbessern und dadurch die Informationsverarbeitung zu optimieren" (Müller & Obier, 2003, S. 105). Die Aktivierung von Nervenzellen und Muskulatur fördert die „weitere Synapsenbildung sowie das Aussprossen der Nervenverästelungen und den Nervenstoffwechsel" (Müller & Petzold, 2006, zitiert nach Dickreiter, 1997, S. 13). Dies konnten die Autoren in ihren Studien an weiterführenden Schulen in Sachsen (unter diesen ein Gymnasium als Versuchsschule) unter anderem an der verbesserten Konzentrationsfähigkeit (ebd., S. 234ff) und der allgemein besseren Schulleistung (ebd., S. 240ff) belegen. Die ebenfalls untersuchte Lehrersicht hierauf bestätigte dies: in Interviews wurde unter anderem von einem konzentrierten und im Vergleich zu den Kontrollschulen zielstrebigeren Arbeiten gesprochen (ebd., S. 239). Die Lehrkräfte sprachen von insgesamt sinkenden Schulleistungen an allen Schulen, aus ihrer Sicht schlossen die Versuchsschulen zum Ende der Evaluation dennoch besser ab, als die Kontrollschulen (ebd., S. 243).

Vor dem Hintergrund der zunehmenden Aggressivität und Unruhe unter Heranwachsenden, unter anderem beschrieben durch Hölter (2001), kann sich Bewegung im Klassenraum auch beruhigend auswirken und eventuelle Stimmungsschwankungen der (pubertierenden) Jugendlichen ausgleichen, indem Stresshormone wie Adrenalin, Noradrenalin, Testosteron und Kortisol mithilfe von Bewegung abgebaut werden (Müller & Petzold, 2006, S. 19, 116). Die Lehrerbefragungen der Autoren unterstützen die Aussagen: sie sahen über den Zeitraum der Studie eine deutlich positive Entwicklung (ebd., S. 246). Pilz (2002, o. S.) bezeichnet Bewegungsmöglichkeiten und die Umsetzung der „Bewegten Schule" als unverzichtbar zur Prävention von Gewalt. Da es zuhause in manchen Fällen nicht mehr gelingt, eine stressmindernde Atmosphäre zu schaffen, kann die Schule hier der negativen Entwicklung entgegenwirken. Ferner ermöglicht bewegtes Lernen eine Verbesserung der Lernatmosphäre: Bewegung ruft Emotionen hervor, welche sich positiv auf die Motivation und die Aufmerksamkeit der Schüler auswirken können (vgl. Regensburger Projektgruppe, 2001, S. 19; Müller & Petzold, 2006, S. 20). Müller & Petzold (2006) bestätigten dies durch ihre Studie an weiterführenden Schulen: sowohl die Schüler selbst, als auch die Lehrer gaben an, positive Emotionen gegenüber der Schule und dem Lernstoff seien in den Versuchsschulen vergleichsweise hoch gewesen (S. 250f). Thiel et al. (2009, S. 28) beziehen sich in diesem Zusammenhang auf Pühse (1995, S. 418), welcher eine Verbesserung der Motivation vor allem im handlungsorientierten Unterricht sieht. Allerdings betonen Müller & Petzold (2006), dass „misslungene Handlungen auch negative Emotionen auslösen [können]" (S. 18) und die Regensburger Projektgruppe (2001) weist darauf hin, dass Bewegungsangebote auch die unterschiedlichen Leistungsfähigkeiten der Schüler berücksichtigen müssen, da Motivationsmangel, Angst, Selbstunsicherheit oder mangelnde Bewegungserfahrung zu körperlicher Inaktivität führen (S. 76).

Aus anthropologischer Perspektive ist im Schul- und Lernzusammenhang die Auseinandersetzung der Kinder mit ihrer sozialen und materiellen Welt durch Bewegung bedeutsam. Mit Hilfe der durch ihre Sinne erlebten Erfahrung machen sie sich „Bilder" von der Welt (Thiel et al., 2009, S. 30). Bietet die Schule einen auf diese „weltoffenen" Sinne ausgerichteten Spiel- und Bewegungsraum, so kann man über die handelnde Ebene daraufhin zur bildhaften und schließlich symbolischen Ebene vorgehen (ebd., S. 31, zitiert nach Hildebrandt-Stramann, 1999, S. 14; Regensburger Projektgruppe, 2001, S. 87). Dass die handelnde Ebene auch in der Sekundarstufe I noch äußerst bedeutsam sein kann, impliziert die Aussage der Regensburger Projektgruppe (ebd.), dass sie selbst in der Sekundarstufe II nicht unterschätzt werden darf: „jede Übertragung von erworbenem Wissen von einer Darstellungsebene auf eine andere [bedeutet] eine Bereicherung für den Lern- und Erfahrungsprozess" (zitiert nach Bruner, 1974, S. 205).

Wie bereits in der Einführung angesprochen, wurde durch verschiedene Faktoren eine gewisse Immobilität der Kinder erwirkt (ebd., S. 32, zitiert nach Pühse, 1995, S. 417). Zwar muss hier relativierend betont werden, dass „mehr als die Hälfte, ja bis zu 80% aller Kinder und Jugendlichen irgendwie bewegungsaktiv ist" (Laging & Schillack, 2007, S. 6) und „ein Ende der Straßenkindheit noch nicht gekommen ist" (Fuhs, 1996, S. 152). Allerdings geht die Tendenz eindeutig in Richtung des organisierten Sports mit festen Terminen (ebd., S. 131). Die Möglichkeiten für Bewegung außerhalb der fest installierten Anlagen sind eingeschränkt, da in vielen Fällen, gerade in städtischen Gegenden, nicht jene Bewegungsräume angeboten werden (können), welche aus sozialökologischer Sicht positiv für die Entwicklung der Kinder wären. Es folgt eine Verarmung in den kindlichen Bewegungs- und Sozialerfahrungen (u.a. ebd.; Balz, 1992, S. 22, Laging & Schillack, 2007, S. 10f). Auch hier kann „Bewegte Schule" durch eine anregende Gestaltung der negativen Entwicklung entgegenwirken, dabei sollten Erfahrungen Leben und Lernen, sowie Denken und Handeln verknüpfen (Thiel et al., 2009, S. 32f, zitiert nach Dienert, 1995, S. 34).

Des Weiteren kann soziales Miteinander gestärkt werden, denn „Bewegungs- und Spielsituationen bieten vielfältige soziale Lernmöglichkeiten, bei denen die Wechselseitigkeit und Aufeinanderbezogenheit von Geben und Nehmen ausgewogen realisiert werden können" (Müller & Petzold, 2006, S. 17). Die Autoren nennen hier unter anderem: die verbale und nonverbale Verständigung und den Umgang mit Konflikten, interkulturellen Kontakt, das Einbringen von Ideen und im Gegensatz dazu das aktive Ein- und Unterordnen, Hilfe und Akzeptanz, Offenheit durch das Ausleben von Emotionen und den Umgang mit den Gefühlen der Mitschüler. Das Arbeiten in Partnerschaften und Gruppen bietet Potential zur Verbesserung des sozialen Klimas (ebd., S. 18, zitiert nach Petillon & Laux, 2002, S. 200). Die Untersuchungen durch Müller & Petzold (2006) zur sozialen Entwicklung der Schüler von der 5. bis zur 9. Klasse belegen dies: während das Sozialverhalten an den Kontrollschulen laut Meinung der Lehrer generell gleichbleibend war oder sogar negative Tendenzen aufzeigte, war an den „bewegten" Versuchsschulen ein positiver Trend zu beobachten (S. 244 ff). „Bewegte Schule" kann die möglichen Defizite der Lebenssituation der Schüler zwar nicht vollkommen ausgleichen, doch kann sie ihnen entgegenwirken. Sie hat dabei zudem den großen Vorteil, dass sie, anders als beispielsweise die Vereine, durch die Schulpflicht alle Kinder erreicht.

### 2.2.2 Gesundheitliche Begründungen

Die veränderten Lebensumstände haben einen weiteren großen Nachteil: Sie wirken sich nicht nur auf die sozialökologische Perspektive der Heranwachsenden aus, sondern beeinflussen auch deren Gesundheitszustand. Laut Oppholzer (2010, S. 14) sind bei 85% der deutschen Schüler Haltungsprobleme erkennbar. Bei Kindern ist in den vergangenen Jahrzehnten ein Anstieg an Krankheiten und Beschwerden wie Herz-

Kreislauf-Problemen, Adipositas, chronischer Müdigkeit, Allergien, eines negativen Selbstbildes, psychischer Auffälligkeiten, sowie eben Koordinationsstörungen und Haltungsproblemen festgestellt worden (u. a. ebd.; Balz, 1992, S. 23; Amberger, 2000, S. 7 und 19ff; Hurrelmann, 2004, S. 25ff; Laging & Schillack, 2007, S. 14). Diese werden oft mit der „‚Volkskrankheit' Bewegungsmangel" (Weitzer, 2000, S. 36) erklärt, wobei man allerdings relativieren muss, dass die Autoren mehrzählig darauf hinweisen, dass die Symptome nicht ausschließlich auf Bewegungsmangel zurückzuführen sind.

Laut Amberger (2000) ist „Der menschliche Organismus (…) auf Bewegung angelegt" (S. 21) und „Sitzen ist (…) die ungesündeste Form aller Dauerhaltungen" (S. 7). Da vielfach mit dem ausgleichenden Potential der „Bewegten Schule" auf die veränderte Kindheit argumentiert wird, sind hier die Effekte für die motorische und gesunde körperliche Entwicklung zu nennen: Zwar seien laut Müller & Petzold (2006) die in den meisten Inhalten zur „Bewegten Schule" vorgeschlagen, auf drei bis fünf Minuten terminierten Belastungen geringer bis mittlerer Intensität zu kurz, um zum Beispiel Veränderungen der Herzgröße zu erwirken, doch können mehrmalige Wiederholungen im Verlaufe des Schultages unmittelbare oder längerfristige Effekte erwirken (S. 21). Das – in der Schule oft als konzentriert geltende – ruhige Sitzen bewirkt, dass die, im Alltag der Heranwachsenden ohnehin schon durch vermehrtes Sitzen in Anspruch genommene, Wirbelsäule noch weiter belastet wird. Durch Bewegungslosigkeit fehlen zudem die Reize für die Muskulatur und die Bandscheiben werden unterversorgt. Grundschüler verbringen ca. 25-30 Wochenstunden sitzend bei der Arbeit in der Schule (Amberger, 2000, S. 19) und dabei wird das Lernen und Arbeiten für die Schule zuhause noch nicht berücksichtigt. Vor allem bei sich im Wachstum befindenden Kindern und Jugendlichen sind somit Haltungs- und Bewegungsschäden die Konsequenz, womit langwierige, krankhafte Fehlsteuerungen des Haltungs- und Bewegungsapparats oft begründet werden. Alleine durch Sportstunden kann dieser Mangel nicht ausgeglichen werden. Auch im sonstigen Unterricht kann durch eine Veränderung des Sitzverhaltens und des Bewegungsverhaltens ein positiver gesundheitlicher Effekt erzielt werden, wozu ein „sinnvoller Wechsel zwischen Anspannung und Entspannung" (Thiel et al., 2009, S. 35) nötig ist. Dem schließt sich Seichert (2000, S. 94) an und fordert: „Möglichst wenig sitzen! Der Unterricht kann auch anders gestaltet werden".

Desweiteren können sich Schüler durch vielfältige Bewegungserfahrungen in ihrer sicherheitsbezogenen Sach-, Selbst und Sozialkompetenz weiterentwickeln, indem sie in ihren Bewegungsfähigkeiten und -fertigkeiten gefördert werden (ebd; Regensburger Projektgruppe, 2001, S. 79). Aktivität im Unterricht nimmt somit auch in diesem Falle eine präventive Komponente ein. Die Schüler können Strategien für Alltagsverhaltensweisen entwickeln, sie gehen vertrauter mit wiederkehrenden Bewegungen um und lernen Regeln einzuhalten. Ferner erfahren sie ihre Grenzen und sicherheitsbewusstes Verhalten wird geschult. Dadurch können zum Beispiel Verletzungen eher vermieden werden, wie unter anderem Bös (1997) und Müller & Petzold (2002) in ihren Studien an Grundschulen nachwiesen. Auch an Sachsener Gymnasien, Mittelschulen und Förderschulen stellten Müller & Petzold (2006) im vierten Jahr ihrer Untersuchungen einen deutlichen Rückgang der Unfallzahlen fest (S. 268f). Es sei hier auch noch einmal auf die (in 2.2.1. bereits erwähnte) Untersuchung zur sozialen Entwicklung hingewiesen: den Gesprächen mit den Lehrern ihrer Versuchs- und Kontrollschulen ist zu entnehmen, dass, bezüglich des Selbstkonzeptes und der Sozialkompetenz, die Schüler der „Bewegten Schulen" bessere Werte aufweisen, als die der „unbewegten": Sowohl die Lehrermeinung zum Status der einzelnen Schüler (ebd., S. 245), als auch jene zum Ausschluss von Jugendlichen und zur Kontaktbereitschaft (ebd., S. 247) liefern positivere Einschätzungen an den Versuchsschulen.

Verhinderte Bewegung bewirkt, dass von den fünf Sinnen häufig nur der Hör- und Sehsinn gebraucht werden. Weniger Riechen, Schmecken und vor allem Fühlen führen zu einem „Mangel des Begreifens", welcher nicht nur die oben genannten Beschwerden begünstigt, sondern auch zu Störungen in der Wahrnehmungsverarbeitung und zu Verhaltensauffälligkeiten führen kann (Oppolzer, 2010, S. 14). Die Sensomotorik bildet ein integrales System; treten Störungen in einem Teilbereich auf, wirkt sich dies auch auf andere Bereiche aus und die am Anfang dieses Abschnitts genannten Syndrome können die Folge sein. Schulen sind imstande, das Gesundheitsbewusstsein der Jungendlichen auszubilden, indem sie genau dieses Bewusstsein vorleben und einen Umgang damit ermöglichen: Es muss nicht nur genügend anregender Bewegungsraum zur Verfügung stehen, sondern auch ein ganzheitliches Gesundheitsverständnis erreicht werden (Hildebrandt-Stramann, 1999, S. 24ff). Dies kann man beispielsweise durch Diskussionen mit der ganzen Klasse fördern, in denen über gesundheitsgerechte

Verhaltensweisen diskutiert wird oder in denen Stressbewältigungsstrategien erarbeitet werden.

### 2.2.3 Schulprogrammatische Begründungen

„Auch die Schule hat erfahrungs- und bewegungseinschränkende Bedingungen geschaffen, obwohl sie als eine Einrichtung für Kinder deren Bewegungsbedürfnisse berücksichtigen sollte" (Regensburger Projektgruppe, 2001, S. 92). Durch die Autoren werden deshalb pädagogische Forderungen gestellt, um die Institution Schule selbst zu mehr Bewegung hin zu verändern. Kinder sollen in ihrer Schule möglichst individuell, ganzheitlich und entsprechend ihrer Möglichkeiten gefördert werden. Die Schule bildet und bietet dabei einen Lebens-, Lern- und Erfahrungsraum (Thiel et al., 2009, S. 37). In einer anregenden Atmosphäre soll es den Schülern dabei ermöglicht werden, sich wohl zu fühlen und leben, lernen, arbeiten und auch spielen zu können (Breithecker, 1995, S. 157). Um hier eine Kompensation der veränderten Lebensbedingungen der Kinder zu gewährleisten, soll in „Bewegter Schule" auch außerhalb des Sportunterrichts und innerhalb der anderen Unterrichtsstunden, sowie generell im Schulalltag Bewegung so oft und so intensiv wie möglich gefördert werden. Ebenso kann eine Öffnung der Schule hin zu anderen Institutionen und Betrieben ermöglicht werden, um die Heranwachsenden der Lebenspraxis und der sozialen Wirklichkeit ein Stück näher zu bringen (Thiel et al., 2009, 38f). Diese Meinung vertreten auch Frohn und Gebken (2007, S. 124), welche vor allem die Vernetzung „mit Trägern von Spiel-, Sport- und Bewegungsangeboten" betonen, um sowohl das schulinhaltliche Angebot zu erweitern, als auch den Schülern neue Freizeitmöglichkeiten aufzeigen zu können. In Berlin wird ein solches Programm für die „bewegte Sekundarstufe" unter anderem mit Fitnesstrainern und Theaterregisseuren angeboten, doch dies sei noch zu wenig in die Schulentwicklung integriert (ebd., S. 127).

Vor allem soll Schule aber natürlich ein Ort des Lernens bleiben. Ganzheitliche Erfahrungen sollen hier eine optimale Schulbildung gewährleisten, was bedeutet, dass besonders das praktische Lernen einen großen Stellenwert einnimmt. Das vermittelte Schulwissen wird hierbei mit Tätigkeitserfahrungen verknüpft, wodurch sich vielen Kindern die Lebensbedeutsamkeit einiger Aufgaben viel schneller erschließt (Thiel et al., 2009, S. 39). An der Integrierten Gesamtschule Peine wird Bewegung aus diesem Grunde durch handlungsorientierte und offene Methoden in den Unterricht integriert. Die Lehrkräfte nutzen somit die Bewegung, „um Lernthemen leiblich zu erschließen" (Becker, Michel & Laging, 2008, S. 50).

Zu guter Letzt kann Schule als Erziehungsinstitution auch dazu beitragen, dass die abnehmende Bewegungskultur wieder einen Aufschwung erlebt. Zwar ist, wie beschrieben, die Lebenswelt bewegungseinschränkend, doch muss das nicht bedeuten, dass Kinder und Jugendliche nicht mehr zu Bewegung oder Sport motiviert werden können. Im Gegenteil: „Bewegte Schule" erhält durch ihre Unterrichtskonzepte und ihre Gestaltung Bewegungsmöglichkeiten als Kulturgut und gibt sie weiter. Das Ziel sollte es sein, die „ursprüngliche bewegungskulturelle Breite so lang als möglich und so vielfältig als möglich ins Erwachsenenalter hinüberzubringen" (Thiel et al., 2009, S. 41).

### 2.2.4 Zwischenfazit

Bewegung ist im Schulalltag, vor allem an Gymnasien, lange Zeit vernachlässigt worden. Dabei finden sich in den Ausführungen zu in der Vergangenheit in der Schule eingesetzten Bewegung bereits Begründungen, warum die Förderung körperlicher Aktivität Sinn machte: die philanthropischen Musterschulen sahen sie als Gegenpol zu intellektuellen Aufgaben, um eine harmonische Entwicklung von Körper und Geist zu gewährleisten. Die Herbartianer hoben die Wichtigkeit des Schullebens hervor, welches den Schülern Turn- und Spielzeiten bot. In den Deutschen Landerziehungsheimen wurde der Wechsel zwischen wissenschaftlichen und körperlichen Tätigkeiten propagiert. Auch das selbsttätige Handeln und die Eigenverantwortlichkeit der Schüler in einem Erfahrungsraum Schule, wie sie im Schulmodell Tiefensee praktiziert wurden, haben heutzutage in allen Schulformen wieder an pädagogischem Gewicht gewonnen. Nicht zuletzt wies Illi schon 1983 auf notwendige Veränderungen in der Schule hin, da Schäden des Haltungsapparates der Kinder festgestellt wurden.

Unter den Autoren finden sich wenige Kontrapunkte bezüglich „Bewegter Schule", weitestgehend herrscht Einigkeit über die Chancen des Konzepts. Auch findet theoretisch nur wenig Abgrenzung der Schulformen statt; es fällt allerdings auf, dass in weiten

Teilen der Literatur weniger von „Heranwachsenden" und „Jugendlichen" die Rede ist, sondern vielfach von „Kindern". Dies darauf zurückzuführen, dass ein Gros der Autoren in ihren Ausführungen nur Möglichkeiten an Grundschulen impliziert, ist spekulativ – doch ist zu erwähnen, dass durch solche Formulierungen eher die möglichen positiven Effekte im Primarstufenbereich betont werden. Da die Autoren in der Mehrzahl aber auch nicht explizit darauf hinweisen, dass sich ihre Begründungen auf die Grundschule beziehen, ist davon auszugehen, dass viele auch an weiterführenden Schulen zutreffen können, dies allerdings mit Abstrichen: Grundlagenwissen, wie es in den Grundschulen vermittelt wird, lässt sich thematisch eher durch Handeln beibringen, als dies bei vertiefenden Thematiken der Fall wäre. Des Weiteren ist die Bedeutung von Bewegung in der Weltbegegnung und – Auseinandersetzung bei Kindern im Primarstufenalter eine andere als dies bei Jugendlichen der Fall ist (Laging, 2007b, S. 238). Daher erfolgt eine Reduktion der handelnden Ebene in der Sekundarstufe I, wobei man dort aufgrund der verschiedenen Altersklassen ebenfalls unterscheiden muss. Dass Handlungsorientierung auch an weiterführenden Schulen zur Erschließung von Lernthemen beitragen kann, wird unter anderem am positiven Beispiel der Integrierten Gesamtschule Peine bestätigt: „Für die Themenerschließung ist es besonders wichtig, dass man Bewegung [...] als methodisches Mittel nimmt", so der Kommentar einer Lehrkraft (Becker et al., 2008, DVD).

Aus Gründen der Motivation, als „Denkpause" zwischendurch oder zur Prävention von Krankheiten und Beschwerden (oder zumindest als Denk- und Handlungsanstoß dessen) sollte Bewegung auch an Gymnasien einen hohen Stellenwert genießen. Dass sich auch von Klasse 5 bis 10 bewegungseinschränkende Aktivitäten auf die Funktion des ‚Ruhenervs' auswirken, ist unstrittig. Zudem haben Müller & Petzold (2006, siehe 2.2.1) neben den Verbesserungen in Motivation und Sozialverhalten eine höhere Konzentration der Schüler eines Gymnasiums nachweisen können; denn Muskelaktivität begünstigt die Bildung neuer Synapsen und regt den Nervenstoffwechsel an – auch aus diesen Gründen bieten sich Bewegungstätigkeiten in der Sekundarstufe I an Gymnasien an. Des Weiteren kann auch an dieser Schulform ein Lebens-, Lern- und Erfahrungsraum mit anregender Atmosphäre ein Gewinn sein, nicht nur um *durch* Bewegung, sonder auch *zu* ihr zu motivieren. Zuletzt macht die Möglichkeit der Öffnung hin zu Vereinen selbstverständlich nicht vor dem Gymnasium halt.

Insgesamt kann man viele Begründungsmuster für Gymnasien übernehmen – wenn auch teilweise mit Abstrichen im Hinblick auf den Grad der Durchführung. Es stellt sich nun folgend die Frage, wie sich dies auf die Praxis einer „Bewegten Schule" auswirkt.

## 2.3 MERKMALE „BEWEGTER SCHULE"

In diesem Punkt werden Kriterien beschrieben, welche das Konzept ausmachen. Nicht jedes dieser Kriterien muss an einer „Bewegten Schule" jederzeit anzutreffen oder umgesetzt sein. Thiel, Teubert und Kleindienst-Cachay (2009) trennen die Kriterien in *Rahmen-* und *Inhaltsmerkmale*:

### 2.3.1 Rahmenmerkmale

Die Rahmenmerkmale einer „Bewegten Schule" werden bei den Autoren zum einen in den pädagogisch-personalstrukturellen Rahmen und zum anderen den infrastrukturellen Rahmen eingeteilt. Ersterer beschreibt das Konzept der Schule, sowie die am Schulleben beteiligten Personen:

Pädagogisch-personalstruktureller Rahmen

Damit „Bewegte Schule" als Ganzes funktionieren kann, müssen selbstverständlich alle Lehrkräfte das pädagogische Konzept mittragen und umsetzen. Dies sollte im Schulprogramm festgeschrieben sein, auch um ein klares und individuelles Schulprofil zu ermöglichen (Thiel et al., 2009, S. 48). Wichtig ist, dass hierbei nicht auf möglichst viele Aspekte Wert gelegt wird, sondern dass die Qualität der „Bausteine" stimmt. Diese Bausteine müssen kritisch hinterfragt und überprüft werden, manchmal fallen Aspekte heraus, manchmal lohnt es sich, neue hinzuzufügen (Klupsch-Sahlmann, 1999a, 20f). Ein Schulprogramm sollte dabei keine starre Richtlinie sein, sondern als flexibler Rahmen für das pädagogische Handeln der Lehrpersonen verstanden werden. Das Programm macht auch den Bereich der Schule aus, der über den eigentlichen Unterricht hinaus geht. Bezüglich des schulischen Entwicklungsprozesses ist es Planungshilfe und Evaluationsgrundlage und allen Beteiligten eine Orientierung (Wuppertaler Arbeitsgruppe, 2008, S. 20). Dabei ist Mitgestaltung nicht nur durch Lehrer, sondern auch durch Schüler und Eltern möglich und nötig (Bründel & Hurrelmann, 1996, S. 193), denn wie bereits in Punkt 2.2 angedeutet, sollen die Schüler möglichst individuell unterrichtet werden. Dazu ist ein Einbezug ihrer Lebenserfahrung notwendig, denn Leben und Lernen soll in der Schule eng miteinander verknüpft werden.

Die Lehrer müssen über ausreichend Kompetenzen verfügen, um das Konzept einer „Bewegten Schule" mittragen zu können (Thiel et al., 2009, S. 50). Bei der Umsetzung einer solchen Schule muss bedacht werden, dass viele sich im Dienst befindende Lehrer schon seit Jahrzehnten unterrichten und so ein festes, subjektives Bild von „gutem" und gewinnbringendem Unterricht haben. Bei diesen Lehrern ist eine Bewusstseinsänderung von Nöten, sie müssen ihre Theorien in Richtung der Konzeption einer „Bewegten Schule" verändern (Pühse, 1995, S. 425). Dies kann theoretisch über das Studium von Lektüren und Broschüren erfolgen, sollte aber vor allem auch erfahrungsaustauschend geschehen. Ideen können gesammelt, verschriftlicht und allen zugänglich gemacht werden – das erleichtert vielen Kollegen die praktische Anwendung im Unterricht und Schulalltag. Das oben beschriebene Schulprogramm kann sich aus solchen Gesprächen und Konferenzen heraus entwickeln, wobei laut Klupsch-Sahlmann (1995, S. 21) große Schritte nicht notwendig seien, sondern zu Anfang bereits ein Minimalkonsens für die ersten konzeptionellen Veränderungen ausreiche. Eine große Rolle bei der Entwicklung einer „Bewegten Schule" spielt zudem der Sportlehrer: Er kann (und sollte) als „Experte" in Sachen Bewegung Initiative ergreifen, indem er Denkanstöße liefert und das Kollegium motivierend unterstützt (Thiel et al., 2009, S. 52, zitiert nach Müller & Volkmer, 1996, S. 124). Auch sind gerade junge (Sport-)Lehrer in ihrem Studium oft dem Thema der „Bewegten Schule" begegnet und wissen um die potentiellen Vorzüge des Konzepts.

Eine Schwierigkeit bei der Implementierung von mehr Bewegung in den Unterricht stellt die mögliche Skepsis der Eltern dar. Zwar argumentieren Müller & Petzold (2006, S. 52), dass „die Eltern nicht nur in den Klassen 5 und 6, sondern darüber hinaus an bewegungsorientierten Themen interessiert" seien. Doch bei den meisten Autoren herrscht Konsens, dass für viele Eltern die sportliche oder bewegungstechnische Entwicklung der Kinder in der Schulzeit eher ein untergeordnetes Thema spielt. Die vorrangige Erwartung an die Schule ist, eine hohe fachliche Kompetenz der Heranwachsenden zu gewährleisten, so dass das Kind einen möglichst guten Abschluss erreicht, um gute Berufsaussichten zu haben. Es gilt deshalb, die Eltern „für die Bedeutung von Bewegung für die kindliche Entwicklung zu sensibilisieren" (Thiel et al., 2009, S. 52). Das Miteinbeziehen von Eltern spielt bei vielen Autoren eine Rolle: So betont u.a. Hildebrandt-Stramann (2007b) die „partizipative Gestaltung (…) einschließlich der Eltern" als Leitperspektive einer „bewegten Schulkultur" (S. 29). Amberger (2000) fordert die „Zusammenarbeit mit den Eltern (…) (Elternabende)" (S. 13), Müller & Petzold (2006) schlagen neben Infoveranstaltungen vor, Bewegungsaktivitäten mit den Eltern gemeinsam durchzuführen (S. 218). Hammer (2004) erläutert, dass das Verhalten von Menschen nur in ihrem Kontext zu verstehen ist, welcher ihr Verhalten mitbestimmt (S. 150); somit muss auch die Familie mit einbezogen werden, um das Kind zu aktivieren.

Flexibilität im Schulalltag kann sich positiv auf die Schüler auswirken. Laging (1997) argumentiert, in Bezug auf den Lern- und Lebensrhythmus der Schüler die klassische 45-Minuten-Stunde zu verändern und längere Unterrichtsblöcke zu schaffen, während die Pausen ebenfalls verlängert werden; desweiteren kann eine Art Gleitzeit zu Unterrichtsbeginn eingeführt werden, in welcher sich die Heranwachsenden noch vor und schon im eigentlichen Unterricht mit ihren Mitschülern spielen und austauschen können (S. 63). Auch wird beispielsweise geraten, nicht allein die große Pause oder die fünf-Minuten-Pausen zur Regeneration der Kinder vorzusehen, sondern auch flexible Pausen in den Unterricht einzustreuen, welche den Bedürfnissen der Schüler angepasst werden können (Thiel et al., 2009, S. 53).

Infrastruktureller Rahmen

Der nun folgende infrastrukturelle Rahmen beschreibt die räumlichen und materiellen Merkmale, welche an einer „Bewegten Schule" vorzufinden sein können. Die Ausstattung des Schulgeländes sollte anregend sein und den Bedürfnissen der Schüler entsprechen; sie sollte den Schülern „entgegenkommen" und diese positiv beeinflussen (Hildebrandt, 1996, 511). Der Schulhof sollte Bewegungs- und Regenerationsmöglichkeiten bieten und in manchen Fällen auch während des Unterrichts genutzt werden können, beispielsweise in bewegten Pausen oder durch „grüne Klassenzimmer" beim

Unterricht im Freien. Insgesamt sollte er viele und vielfältige Bewegungsmöglichkeiten bieten und den Interessen der Schüler angepasst sein. Becker et al. (2008) beschreiben beispielsweise, dass die Gesamtschule Ebsdorfer Grund bei Marburg ein „gut ausgestattetes Sportareal zum Spielen" aufweist (S. 38f). Doch müssen nicht unbedingt Spielplatzgeräte installiert werden; die Schüler sollten am besten selbstständig Bewegungserfahrungen in und mit der Natur machen können. Die Gesamtschule besitzt deshalb ein weitläufiges Gelände mit Hanglage zum Toben und stellt Kleingeräte für unterschiedliche Bewegungsaktivitäten zur Verfügung. Um den verschiedenen Altersstufen und Bedürfnissen der Schüler gerecht zu werden, kann ein Schulhof in unterschiedliche Aktivitätszonen eingeteilt werden, wie es beispielsweise in der Integrierten Gesamtschule Peine der Fall ist (ebd., S. 51). Spiel- und Bewegungsmöglichkeiten sollen dabei selbstverständlich angeboten werden, in den unteren Klassen sollte aber aus den genannten lerntheoretischen Gründen mehr das Erkunden und Wahrnehmen im Vordergrund stehen.

Die zeitweise nicht genutzten Räume der Schule können beispielsweise als Entspannungs- oder Spielplatz genutzt werden. Feste Installationen von Geräten in Fluren oder Treppenhäusern können kreativ genutzt werden, bewegliche Geräte können in Pausen oder Freistunden ausgeliehen werden. Das Schulgebäude müsste deshalb auch entsprechende Bodenbeläge (Teppich zum Ausruhen, glatte Böden zum Rutschen und Rollen) und Wandgestaltungen (z.B. warme Farben in Entspannungsräumen) aufweisen (Thiel et al., 2009, S. 54).

Heiny (1997, S. 48) argumentiert, dass sich die Schüler auch in den Klassenzimmern wohl fühlen sollen, da die Atmosphäre einer „Lernfabrik" (Illi, 1995, S. 409) nicht mit dem Konzept der „Bewegten Schule" zu vereinbaren sei. Das bedeutet, dass eine wohnliche und anregende Atmosphäre geschaffen werden muss. Schüler können hier ebenfalls zur Mitgestaltung beitragen, indem von zuhause Mitgebrachtes installiert wird, um den Charakter der Schulwelt aufzulockern (Heiny, 1997, S. 47). Zudem sollten auch die Arbeitsplätze individuell eingerichtet werden, die Böden können zum Liegen und Spielen anregen und Lese- und Spielecken können zum Verweilen einladen. Die Schüler dürfen nun selbst entscheiden, wo und wie sie am besten arbeiten können, sie können sich durch die vielfältigen Gelegenheiten neu motivieren und sich auf vielseitige

Arten untereinander austauschen. Das Mobiliar spielt ebenfalls eine große Rolle bei der Gestaltung: es kann zu Bewegung und Kreativität anregen. Mögliche „alternative" Gegenstände können Sitzsäcke oder Gymnastikbälle sein, zudem kann man auch aus verbaubaren Möbelelementen neue Sitzgelegenheiten schaffen (zum Thema „Sitzen" siehe 2.3.2.4.). Auch sollten Sitz- und Schreibunterlagen verstellbar sein, um eine Anpassung an den jeweiligen Schüler zu gewährleisten (Illi, 1995, S. 409). Allerdings ist „Bewegtes Sitzmobiliar (…) in allen Sek I-Schulformen noch die Ausnahme" (Frohn & Gebken, 2007, S. 127), obwohl den Autoren zufolge in Niedersachsen 2004 nach dem Wegfall der Orientierungsstufe für die fünfte und sechste Klasse deutlich wurde, dass zu wenig Spiel- und Bewegungsmobiliar an den Schulen vorhanden war.

### 2.3.2 Inhaltsmerkmale

„Bewegte Schule" soll, wie bereits angeführt, ein Lebensraum sein, in dem ganzheitlich gehandelt und somit gelernt wird. Erweiterte Lehr- und Lernformen, sowie ein Wechseln von Spannungs- und Entspannungsphasen kennzeichnen den Unterricht. Diese werden im Folgenden detailliert dargestellt, wobei desweiteren auf in der Literatur angeführte Verweise zur Anwendbarkeit in den Schulformen eingegangen wird.

„Bewegtes Lernen"

„Bewegtes Lernen" ist einer der Haupttermini, welche mit „Bewegter Schule" in Verbindung gebracht werden. Der Unterricht wird durch eine Rhythmisierung von Konzentration und Entspannung, Ruhe und Bewegung und geistiger und körperlicher Aktivität geprägt (Illi, 1995, S. 409). Die Schüler dürfen dazu selbst entscheiden, wie und wo sie lernen möchten. Um die Situation eines großen Durcheinanders zu vermeiden, sind gewisse Regeln von Nöten, beispielsweise wird situationsbedingt festgelegt, wo die Schüler arbeiten dürfen oder welche Materialien sie sich wie beschaffen sollen (vgl. Klupsch-Sahlmann, 1999, S. 15). Bewusst einbezogene Bewegung soll dabei entweder den Kindern einen Sachverhalt näher bringen oder zur Beschäftigung mit Informationen motivieren. In beiden Fällen ist somit körperliche Aktivität ein „wertvoller, zusätzlicher Informationszugang" (Müller, 1999, S. 52). Der Direktor der Gesamtschule Ebsdorfer Grund bei Marburg betont allerdings, dass „das Kollegium nach und nach (…) dazulernen müssen [wird], diese 90 Minuten so zu gestalten, dass sie all das bewirken was wir hoffen: intensiveres Lernen in einem entspannten, in einem bewegungsorientierten Rahmen" (Becker et al., 2008, DVD).

Beispiele für „Bewegtes Lernen", unter anderem detailliert dargestellt durch Müller & Schlöffel (2004) für den Englischunterricht, können folgendermaßen aussehen:

- „Walk and remember" (Punkt 3.1): Textteile werden in verschiedenen Ecken des Raumes angebracht, die Schüler müssen zum Text gehen, sich einen (möglichst großen) Teil merken und sich dann zurück zu ihrem Platz bewegen, wo sie den Text aufschreiben. Auf welche Art und Weise sich die Schüler dabei fortbewegen, kann festgelegt werden oder frei auswählbar sein.
- „Act and understand": Die Schüler erschließen ein Theaterstück (z.B. Shakespeare), indem sie Teile der Handlung nachspielen.
- „Feel the word" (Punkt 3.3): Ein Schüler „malt" das gesuchte Wort mit dem Finger auf den Rücken seines Partners. Dieser versucht, es zu erkennen. Dieses Spiel ist auch als „Stille Post"-Variante denkbar.
- „Preposition chaos" (Punkt 5.2): Der Lehrer nennt eine Präposition. Die Schüler müssen diese dann mithilfe ihres Stuhls oder Tisches nachahmen (z.B. „on top of", „next to", „under"…).
- „Experiencing countries" (Punkt 6.8): Mithilfe von Seilen und Wort- oder Bild-Kärtchen bilden die Schüler in Gruppen Länder nach und beschreiben sie in einer kleinen Präsentation.

Da einige Bereiche nicht unbedingt fachspezifisch sind, kann es angebracht sein, bei Fachgrenzen überschreitenden Inhalten eine Art fächerübergreifenden Unterricht zu machen, da so die Lebensnähe der Aufgaben für Schüler besser erkennbar ist. Auch fächerübergreifende Projekte sind möglich, diese sollen nach Möglichkeit Bewegungssituationen mit einschließen (Thiel et al., 2009, S. 62). Die Verbindung verschiedener Fächer birgt aber auch Schwierigkeiten: sie erfordert entweder eine hohe fachliche Ausbildung der Lehrkräfte in mehreren Fächern oder die Kooperation der einzelnen Fachlehrer.

Bewegungspausen

Wie bereits erwähnt wurde, sind auch Bewegungspausen (bei Müller & Petzold (2006): Auflockerungsminuten) ein wichtiger Bestandteil von „Bewegtem Unterricht". Wenn Schüler unruhig oder gelangweilt sind, ist ein gewinnbringender Unterricht oft nicht mehr möglich. Laut Richter (2000, in Müller & Petzold 2006, S. 181) liegt der große Vorteil dieser Pausen darin, dass die Schüler danach wieder konzentrierter arbeiten. Um dies zu erreichen, wird der Unterricht unterbrochen und eine „den körperlichen, psychischen und sozialen Bedürfnissen" (Klupsch-Sahlmann, 1995, S. 18) der Kinder angepasste bewegte Pause eingeleitet. Bezüglich der Dauer herrscht Uneinigkeit unter den Autoren: Müller & Petzold (2006, S. 84) sprechen von „ca. drei Minuten", die Regensburger Projektgruppe (2001, S. 149) schlägt fünf Minuten vor, andere Autoren bis zu 15 Minuten (u.a. Klupsch-Sahlmann, 1995, S. 18). Der Lehrer sollte selbst an der Pause teilnehmen und unterstützend eingreifen, er kann zum Beispiel die Bewegungen direktiv vormachen oder vorgeben, sodass bestimmte Bewegungen durchgeführt werden. Auch kann er Anreize setzen, wie etwa, ob die Schüler entspannen sollen oder frei spielen dürfen. Bewegungspausen sind im Prinzip an jedem erdenklichen Ort in der Schule ausführbar – doch sollte eine Störung des laufenden Unterrichts anderer Klassen vermieden werden. Auch können alle Arten von Materialien verwendet werden, den Kindern sind in ihrer Kreativität so gut wie keine Grenzen gesetzt – Voraussetzung ist hierbei allerdings ein leichter und schneller Zugang zu diesen Materialien (Thiel et al., 2009, S. 65).

Die Regensburger Projektgruppe (2000, S. 149) spricht davon, dass trotz der Überschaubarkeit dieses Elements der „Bewegten Schule" die bewegte Pause insbesondere an Gymnasien nur selten umgesetzt wird. Dies werde oft damit begründet, dass die Lehrkräfte keine geeigneten Übungen kennen (ebd.) und sie der Meinung sind, der Zeitaufwand sei zu groß und der Unterrichtsstoff könne so nicht durchgebracht werden, wie es in den Untersuchungen des Projekts „Bewegte Schule – Anspruch und Wirklichkeit" von Seiten der Beteiligten der Gymnasien kolportiert wurde (Neumann, 2007, S. 209). Andere weiterführende Schulen haben aber auch gute Erfahrungen gemacht: Die Reformschule Kassel beispielsweise setzt in ihrem projektorientierten Unterricht neben den expliziten Bewegungspausen auch immer wieder implizite Pausen ein (Becker et al., 2008, S. 47). Die Lehrkräfte betonen hier, dass die Pausen dabei nicht auf Kosten des Stoffes gehen, v.a. weil die Schüler danach motivierter weiterarbeiten.

Entspannung

Auch die Entspannungsphasen sind nicht Bestandteil des eigentlichen Unterrichts, sondern unterbrechen diesen für kurze Zeit. Sowohl bei Thiel et al. (2009) und Müller & Petzold (2006) werden die Entspannungspausen thematisch von den Bewegungspausen abgegrenzt und als separater Punkt aufgeführt. Dies kann damit begründet werden, dass Auflockerungsminuten der Aktivierung des Parasympathikus entgegenwirken sollen, während dieser in Phasen der Ruhe verstärkt angeregt werden soll.

Diese Pausen dienen dazu, Anspannung, Unruhe und Aggression auszugleichen. Die Schüler können sich von den Gedanken lösen, die sie beschäftigt haben und der Organismus kann sich vom angestauten Stress erholen (Thiel et al., 2009, S. 67; Müller & Petzold, 2006, S. 116f). Wie in den Bewegungspausen soll auch hierdurch anschließend die geistige Leistungsfähigkeit wiedererlangt werden (Illi, 1995, S. 409). In Traum- oder Körperreisen mit meditativen Anteilen wird äußere Bewegung eingestellt und innere Bewegung hergestellt. Um sich entspannen zu können, sollte eine angenehme Atmosphäre geschaffen werden, in der die Schüler sich zum Beispiel hinlegen können. Zudem ist es möglich, den Raum abzudunkeln (Müller, 1999, S. 151) und als Lehrer selbst durch ruhige, sanfte Sprechweise zur Entspannung beizutragen (Müller & Petzold, 2006, S. 148). Alternativ kann Entspannung auch durch Stretching, Yoga oder andere progressive Muskelrelaxation erreicht werden (ebd., S. 131ff; Thiel et al., 2009, S. 68).

„Bewegtes Sitzen"

Wie bereits beschrieben, herrscht besonders beim Thema „Sitzen" bzw. „Sitzmöbel" die Problematik des an diese gebundene Lernverständnis an Schulen (Laging, 2007, S. 147) und hier vor allem am Gymnasium. Wenn Lehrer, aber auch Eltern lernten zu akzeptieren, dass das Hin- und Herrutschen auf dem Stuhl, das Kippeln oder auch das Abstützen des Kopfes in vielen Fällen eine selbstregulierende Reaktion des Körpers der Heranwachsenden auf Bewegungsmangel ist, sei dies schon ein erster Schritt weg von der

„Sitzschule" (Müller & Petzold, 2006, S. 69). Um die monotone Sitzphase auf dem Stuhl zu unterbrechen, kann die Sitzposition auf unterschiedliche Arten verändert werden. Diese Veränderung der Position im Raum hat laut diverser Autoren positive Folgen: Die Rumpfmuskulatur wird trainiert, die Durchblutung wird angeregt, der Körper entspannt, das Konzentrationsvermögen wird verbessert und nicht zuletzt sollen Kinder durch das aktiv-dynamische Sitzen auch die Wahrnehmung der kinästhetischen Sinnesempfindung anregen (u.a. Gamp & Illi, 1995, S. 146; Müller & Petzold, 2006, S. 70). Samaras, Schlicht & Volck (Regensburger Projektgruppe, 2001, S. 124ff) beobachteten 1996 in einem sechsmonatigen Projekt an einem Gymnasium in Hohenheim den Einsatz von Sitzbällen in den Klassen 6, 8 und 10. Zwar konnten sie in ihrer durchgeführten Studie keine Veränderung der Konzentrationsfähigkeit und der Gesundheit feststellen, dennoch empfanden die Schüler das Sitzen auf dem Ball als angenehmer und einige sonst sehr unruhige Schüler fielen durch erhöhte Aufmerksamkeit und Aufnahmefähigkeit auf. Vor allen Dingen aber betonten die Lehrkräfte, dass der Einsatz der Bälle nicht zu vermehrter Unruhe geführt habe und zudem dem Bewegungsdrang der Schüler entgegenkäme. Müller & Petzold (2006, S. 76ff) verweisen auf die Möglichkeit, Tische und Stühle den Schülern anzupassen und in unterschiedlichen Höhen bereitzustellen. Dies indes ist im Fachraumsystem vieler weiterführender Schulen schwerer realisierbar: oft muss ein Raum sämtlichen (Alters-) Klassen zur Verfügung stehen und individuell anpassbare Möbel, welche sich höhenverstellen lassen, sind für die meisten Schulen nicht finanzierbar. Die Autoren nennen als weitere Möglichkeiten die Anschaffung von Sitzkissen, Stehpulten oder Aufsätzen für Tische, um der Schreibfläche einen (ergonomisch günstigeren) Winkel zu geben (ebd., S. 79-82). Allerdings ist auch dies natürlich mit finanziellen Aufwendungen verbunden.

Solch angepasstes Schulmobiliar wird in der Literatur oft in direktem Bezug zu „Bewegter Schule" gesehen. Man braucht zum „Bewegten Sitzen" aber nicht zwingend funktionelles Mobiliar: Schüler können auch mithilfe eines Stuhls alternative Sitzpositionen entdecken. Eine große Rolle spielen hier Entlastungsbewegungen, welche eine Erholung vom Sitzen bewirken. Harmonische Gegenbewegungen, wie das Strecken der Arme oder das Legen des Oberkörpers auf den Tisch, entlasten den Bewegungsapparat (vgl. Illi, 1991, S. 20ff). Allgemein sollen die Heranwachsenden lernen, „richtig" zu sitzen und zu erkennen, dass statischem Sitzen durch verschiedene Variationen entgegengewirkt werden kann und vor allem darf. Samaras et al. (Regensburger Projektgruppe, 2001, S. 124f) geben an, dass die von ihnen beobachteten Gymnasialschüler durch die Benutzung der Sitzbälle offenbar für eine aufrechtere Sitzhaltung sensibilisiert wurden, da sie diese gegen Ende der Studie häufiger einnähmen. „Richtig sitzen" bedeutet aber auch, das Verantwortungsgefühl der Schüler anzusprechen, dynamisches Sitzen so zu kontrollieren und regulieren, dass dabei der Unterricht und andere Schüler nicht gestört werden (Müller & Petzold, 2006, S. 70).

Sportunterricht

Laging (2007) betont, der Sportunterricht sei unverzichtbar für jede Schule und klammert dabei „Bewegte Schulen" nicht aus. Lernen in Bewegung soll keine Alternative zum Sportunterricht sein, im Gegenteil: so wie er Anregungen für die Freizeitgestaltung der Heranwachsenden bietet, so kann der Sportunterricht auch Perspektiven und Möglichkeiten für „Bewegte Schule" liefern und gleichzeitig von ihren Inhalten profitieren (S. 155). Die Inhalte des an „Bewegten Schulen" angebotenen Sportunterrichts sollen über die des traditionellen hinausgehen, da dieser mit seiner oft starren Orientierung an sportartenbezogenen Bewegungsfertigkeiten die Eigeninitiative der Schüler einschränkt (Klupsch-Sahlmann, 1999a, S. 19). Es bedarf eines motivierenden, stimulierenden Unterrichts, welcher die Schüler sowohl die traditionellen Sportarten kennen lernen lässt, als auch die neue Bewegungskultur unter verschiedenen Sinnperspektiven vermittelt (Regensburger Projektgruppe, 2001, S. 103). Hierbei wird den genannten fächerunspezifischen Aspekten wie der Stärkung der Sozialkompetenz und der Vermeidung von Haltungsschäden ein hoher Stellenwert beigemessen (ebd.; Thiel et al., 2009, S. 70). Wichtig ist, die interessen- und altersspezifischen Bewegungsbedürfnisse der Heranwachsenden zu berücksichtigen: Während Sportunterricht an Grundschulen auch eher als „Bewegungsunterricht" zu verstehen ist, um Kinder verstärkt Bewegungs-, Selbst- und Sozialerfahrungen sammeln zu lassen, nehmen die Leistungsdimensionen des Sports an weiterführenden Schulen wieder einen höheren Stellenwert ein. Doch ist auch hier wahrnehmungsbezogenes und erlebnisorientiertes Lernen möglich, beispielsweise durch situativ angemessene Einbeziehung der Schüler (Regensburger Projektgruppe, 2001, S. 104) und eine hohe Bewegungsvielfalt, welche möglichst viele Schüler anspricht (Laging, 2007, S. 156).

Bewegte Pausen

An „Bewegten Schulen" sollen die Pausen nicht nur der Regeneration zwischen den Unterrichten gelten. Pausen sollen laut Klupsch-Sahlmann (1999) den Heranwachsenden die Möglichkeit bieten, ihren Bewegungswünschen und -bedürfnissen nachzukommen (S. 10). Die Förderung des Wohlbefindens, sowie die Ausbildung sozialer Kompetenzen stehen bei der Pausengestaltung ebenso im Vordergrund wie die Schulung motorischer Fähigkeiten. Müller & Petzold (2006, S. 181) und Laging (2007, S. 160) weisen dabei auf die notwendigen altersgemäßen Differenzierungen hin: In den ersten Klassen der weiterführenden Schule könne man hierbei auf die aus der Grundschule bekannten Spiele zurückgreifen, ältere Schüler seien „eher durch sportliche Aktivitäten mit verstärktem Freizeitbezug" zu aktivieren, wie auch Müller & Thiel (2007, S. 185) in Bezug auf eine Sekundarschule bestätigen können. Der Unterschied zur Bewegung im Unterricht besteht hierbei darin, dass körperliche Aktivität in Pausen nicht einen Zweck, sondern das Handlungsziel darstellt und somit deutlicher durch intrinsische Motivation und Spontanität gekennzeichnet ist (ebd., S: 180).

„Bewegte Pause" kann auf dem Schulhof oder bei schlechtem Wetter im Schulgebäude stattfinden (ebd., S. 181; Thiel et al., 2009, S. 75). Wie bereits bei den Rahmenmerkmalen (2.3.1.2.) angeführt, sollte die Gestaltung des Geländes möglichst ansprechend und anregend sein, Geräte sollten teilweise fest installiert und teilweise ausleihbar sein. Sicherheitsaspekte müssen natürlich vorher in den Klassen besprochen werden, wobei es nützlich sein kann, Regeln zusammen mit den Klassen aufzustellen. Lehrer können sich ebenfalls an den Aktivitäten beteiligen und/oder helfen (ebd., S. 76, Laging, 2007, S. 160.); dies muss nicht im Widerspruch zur zu leistenden Aufsichtspflicht stehen.

Außerunterrichtliche Bewegungsanlässe

Gelegenheiten, sich im Rahmen der Schulorganisation körperlich zu betätigen, gibt es nicht nur in der Schulzeit, sondern auch darüber hinaus: Klassenfahrten, Schulfeste, Theateraufführungen und dergleichen bieten ebenso die Möglichkeit diverser Bewegungsanlässe (Regensburger Projektgruppe, 2001, S. 105; Thiel et al., 2009, S. 77; Laging, 2007, S. 162). Hier kann besonders auf die Beteiligung der Schüler und Eltern an der Planung und Durchführung der Aktionen gesetzt werden. Laging (2007) betont des Weiteren das Potential verschiedener Arbeitsgemeinschaften: so kann man nicht nur sportartenspezifische AGs anbieten, sondern auch Trendsport-Kurse oder Angebote zur speziellen Bewegungsförderung, beispielsweise für adipöse und/oder bewegungsunfreudige Schüler; im Hinblick auf zunehmende Haltungsschäden bei Heranwachsenden könnte ein Rückenschule-Kurs stattfinden (ebd.). Diese Gedanken finden sich auch bei der Regensburger Projektgruppe (2001) wieder, welche auf die Berücksichtigung der verschiedenen Altersstufen und Interessen der Heranwachsenden hinweist und daher ein breit gefächertes Bewegungsangebot empfiehlt (S. 105).

<u>Kooperation mit dem außerschulischen Umfeld</u>

Diese Aktivitäten finden außerhalb der schulischen Organisation statt, werden aber von schulischen Akteuren angeregt (Thiel et al., 2009, S. 77). Vor allem sollen die außerschulischen Lebensbereiche der Schüler miteinander vernetzt werden. Die Schule kann dabei als Ort der Vernetzung dienen, aber auch Teil der Vernetzung von außerschulischen (Lern-)Orten sein. Falls Ersteres zutrifft, sollte der Schulhof eine geeignete Atmosphäre bieten, also für alle geöffnet sein und die passenden Gerätschaften aufweisen. Ein Beispiel dafür ist die Heinrich-Reichel-Sekundarschule in Magdeburg, welche ihr Profil wegen sinkender Schülerzahlen überdenken und überarbeiten musste und sich daher mit einer Sport- und Freizeitanlage für das Wohngebiet geöffnet hat (Dammann & Fink, 2007, S. 174ff). Allgemein kann die Schule natürlich ihren Raum und auch das Personal für die Vernetzung „bereitstellen" und auch mit (Sport-)Vereinen kooperieren, wie es zum Beispiel die Wartburgschule Eisenach praktiziert, welche als Staatliche Regelschule mit Haupt- und Realschulzweig ein Sportförderprogramm anbietet und im Zuge dessen Beziehungen mit vier unterschiedlichen Sportvereinen pflegt (Becker et al., 2008, S. 44).

## 2.3.3 Zwischenfazit

Auch viele der aufgeführten Merkmale lassen sich auf das Gymnasium übertragen. Die Ausführungen zum pädagogisch-personalstrukturellen Rahmen gelten in selbiger Form auch für Gymnasien, wobei hier sogar das Mitspracherecht der Schüler mit fortgeschrittenem Alter und zunehmender Reife verstärkt werden kann. So könnte die genannte Qualität der Bausteine verbessert werden, indem man die Ideen und Wünsche der Schüler vermehrt einbezieht, wobei die Äußerungen der Heranwachsenden einer kritischen Hinterfragung bedürfen. Die angesprochene Bewusstseinsänderung bei den Lehrern könnte sich wiederum schwieriger gestalten: bei vielen Gymnasiallehrern ist das Bild vom konzentrierten „Sitz-Unterricht" noch vorherrschend. Deshalb haben besonders hier Lehrer, welche sich mit dem Thema auseinandergesetzt haben, eine „Aufklärungs"-Aufgabe. Dies betrifft ebenfalls die Überzeugung der Eltern: da die weiterführenden Schulen den Übergang in Beruf oder Studium ermöglichen sollen, wird von Seiten der Erziehungsberechtigten eine erhöhte Fachspezifizierung erwartet. Als Pädagoge muss man allen Beteiligten verdeutlichen, dass sich das Fördern fachlicher Kompetenz und Bewegung in der Schule nicht ausschließen. Der didaktische Leiter der Integrierten Gesamtschule Peine, Dr. Bernd Hauck, spricht hier auch von Einzelinitiativen, um eine solche Bewegung „von unten wachsen" zu lassen (Becker et al., 2008, DVD).

Die in Bezug auf den Lernrhythmus genannten Punkte gehören zu jenen, welche sich besser an Grundschulen durchsetzen lassen; hier existieren die mitunter strikten Fachgrenzen der weiterführenden Schulen nicht in diesem Maße, sodass der flexiblere Umgang mit den Unterrichtsstunden begünstigt wird. Auch das Fachlehrerprinzip an Gymnasien erschwert eine solche Handhabung (Laging, 2007b, S. 238). Dennoch gibt es auch weiterführende Schulen, welche eine Entzerrung des Schultages praktizieren, so zum Beispiel die Reformschule Kassel als integrierte Gesamtschule (Becker et al., 2008, S. 46).

Bezüglich des infrastrukturellen Rahmens wurde bereits erwähnt, dass an Gymnasien vor allem Gelegenheiten zum Spielen oder Entspannen angeboten werden müssen. Besteht in der Primarstufe noch die Notwendigkeit, das Wahrnehmen in besonderer Weise zu fördern, so ist es bei älteren Schülern nicht mehr von höherem Interesse,

Dinge zu erkunden. Auch bei der Ausstattung der Räumlichkeiten muss auf diesen Punkt geachtet werden. Ebenso ist an Gymnasien eine individuelle Einrichtung der Klassenräume und Arbeitsplätze von Vorteil, zum einen um eine anregende Atmosphäre zu ermöglichen, zum anderen zur Anpassung an den Körper und die Bedürfnisse des Schülers.

Die angeführten Merkmale „Bewegter Schule" sind ebenfalls allesamt an Gymnasien umsetzbar. Müller veröffentlichte eine ganze Bücherreihe, welche sich der Vermittlung von Sachthemen mithilfe von Bewegung ab der fünften Klasse widmet (u.a. Müller & Schlöffel, 2004). Elemente wie Bewegungspausen bedürfen aber offensichtlich weiterer Aufklärungs- und Überzeugungsarbeit an Gymnasien. Selbiges kann beim „Bewegten Sitzen" beobachtet werden, obwohl hier eigentlich gelten müsste, dass mit zunehmendem Alter die Schüler (verantwortungs-)bewusster mit potentiellen neuen Sitzmöglichkeiten oder einem gelockerten Sitzzwang umgehen sollten. Trotzdem wird an Gymnasien nur in wenigen Fällen alternatives Mobiliar bereitgestellt, eventuell, weil die Befürchtung existiert, dies führe zu mehr Unruhe. Dass dem nicht so ist, weist die angeführte Studie von Samaras, Schlicht & Volck (Regensburger Projektgruppe, 2001, S. 124f) nach. Ein Negativargument ist hier jedoch, wie auch bei der Klassen- und Schulhofgestaltung, der Kostenfaktor, welcher (unabhängig von der Schulform) für viele Schulen eine große Hürde darstellt.

Zusammenfassend ist zu betonen, dass sich die Chancen, welche das Konzept bietet, bei Weitem nicht nur auf die Grundschule beschränken lassen. Die einzelnen Facetten „Bewegter Schule" sind zu einem großen Teil auf das Gymnasium übertragbar, werden dort jedoch aus unterschiedlichen Gründen deutlich weniger oft und intensiv angewandt. Die Literatur weist auf eine Existenz von Vorbehalten und Unwissen bezüglich des Themas an dieser Schulform hin. Was für die Lehrkräfte der Gymnasien *dagegen* spricht, mehr Bewegung in den Schulalltag zu implementieren, beziehungsweise welche Chancen die Lehrer *für* einen Einsatz des Konzeptes sehen, soll die Evaluation in dieser Arbeit detaillierter darlegen.

# 3 METHODIK & INSTITUTIONELLE ASPEKTE

Die folgenden Erläuterungen beinhalten die methodische Vorgehensweise für die vorliegende empirische Untersuchung, sowie die Portraits der Schulen, an denen die Untersuchungen stattfanden.

## 3.1 QUALITATIVE INTERVIEWS

### 3.1.1 Design der Studie und Vorgehen

„Qualitative Forschung hat den Anspruch, Lebenswelten ‚von innen heraus' aus Sicht der handelnden Menschen zu beschreiben. Damit will sie zu einem besseren Verständnis sozialer Wirklichkeit(en) beitragen und auf Abläufe, Deutungsmuster und Strukturmerkmale aufmerksam machen" (Flick, von Kardorff & Steinke, 2009, S. 14). Durch die Offenheit der Zugangsweisen zur zu untersuchenden Thematik ist qualitative Forschung „näher dran" an der selbigen als normative quantitative Forschung. Sie eignet sich laut den Autoren besonders dazu, die Sichtweisen der Befragten, sowie die subjektiven und sozialen Konstruktionen ihrer Welt zu berücksichtigen (ebd., S. 17). Im Gegensatz zu standardisierten Methoden, welche eine feste Vorstellung über den zu untersuchenden Gegenstand benötigen, kann sich qualitative Forschung „für das Neue im Untersuchten, das Unbekannte im scheinbar Bekannten" öffnen. Dieses „Neue" ist in der folgenden Untersuchung das Konzept der „Bewegten Schule", das „scheinbar Bekannte" ist das theoretische und praktische, subjektive Wissen der Lehrkräfte bezüglich ihrer Erfahrungs- und Lebenswelt Schule. Husserl betont, dass alle Wissenschaft in der Lebenswelt gründet, welche als einzige wirkliche Welt in jeder einzelnen Person existiere (ebd., S. 110). Sobald man das Sinnfundament der Lebenswelt freilege, käme die Wissenschaft nicht mehr zu Fehlannahmen und gelänge im Gegenzug zu einem adäquaten methodologischen Selbstverständnis. Für die Möglichkeiten des Konzepts der „Bewegten Schule" an Gymnasien bedeutet dies, dass eine rein theoretische Zuwendung zum Konstrukt nicht ausreicht – man muss auch das subjektive Bewusstsein der handelnden Personen mit einschließen. Möchte man Möglichkeiten an dieser Schulform aufzeigen oder sogar Ansätze zur Implementierung des Konzepts an ihr schaffen, so darf man in Vorüberlegungen nicht die Lehrkräfte außen vor lassen, denn sie bestimmen zum größten Teil die lebensweltliche und lernweltliche Praxis an den Schulen.

Es stellt sich nun die Frage nach der genaueren Planung der Untersuchung, der Datenerhebung und -analyse. Das Basisdesign dieser Studie ist die *Fallstudie*, da es mir um den konkreten Fall der Möglichkeiten und Grenzen der „Bewegten Schule" in der Sekundarstufe I an Gymnasien ging. Laut Flick (2009b) zielen diese Studien „auf die genaue Beschreibung [...] eines Falls ab" (S. 253), wobei das Fallverständnis dabei eher weit gefasst sei; in diesem Kontext ist er die Realisierbarkeit eines pädagogischen Konzepts. Zur Offenlegung des Falls bot sich ein responsives Vorgehen an, welches auf die Reaktion der zu Untersuchenden abzielt. Hierbei existiert eine Reihe von möglichen Methoden: *Teilnehmende Beobachtungen*, vor allem im Unterricht, wären allerdings zu sehr auf die momentan durchgeführte Praxis ausgerichtet. Sie würden dabei nicht die Einschätzungen der Lehrer widerspiegeln, welche Elemente umsetzbar wären. *Fragebögen* wären eine mögliche Alternative gewesen, jedoch orientieren sich diese zu strikt an aufeinanderfolgenden Fragen – sie geben dadurch dem Befragten weniger Spielraum in der Beantwortung. Auch erfordern sie ein hohes thematisches Vorwissen beim Befragten. Aus diesem Grund habe ich mich dazu entschlossen, *qualitative Interviews* anhand eines Leitfadens durchzuführen. Durch diese ist es möglich, der Sichtweise des Interviewpartners näher zu kommen als es durch Fragebögen möglich wäre (Flick, 2006a, S. 216).

Da das Lehrpersonal Expertise bezüglich seines Berufsumfeldes, der Schule, aufweisen kann, können von diesem Standpunkt aus gesehen die Interviews als *Experteninterviews* bezeichnet werden. Flicks Darlegungen bestätigen dies: er stellt Experten als „Mitarbeiter einer Organisation in einer spezifischen Funktion und mit einem bestimmten (professionellen) Erfahrungswissen" (ebd., S. 218; Flick, 2009a, S. 215) dar. Deeke beschreibt Experten als „diejenigen Personen (...), die in Hinblick auf einen interessierenden Sachverhalt als ‚Sachverständige' in besonderer Weise kompetent sind" (ebd., S. 214; Flick, 2006a, S. 216). Vor dem Hintergrund dieser Aussage muss man den Terminus „Experte" leicht abschwächen: zwar ist der Lehrer unbestritten als Experte in seinem Beruf anzusehen, doch war es vor der Durchführung der Interviews fraglich, ob die Interviewpartner Sachverständige auf dem Feld der „Bewegten Schule" sein würden – sowohl in theoretischer als auch in praktischer Hinsicht. Dennoch galten für die Untersuchungen Flicks Kennzeichnungen von Experteninterviews: es gab eine bestimmte Zielgruppe von Befragten (Lehrkräfte an Gymnasien), die Inhalte der Interviews mussten relativ stark fokussiert werden (auf die Erfahrung, beziehungsweise die Einschätzungen der Lehrer bezüglich des Themas) und die Interviewführung musste ein hohes Maß an Pragmatik aufweisen, da in der Regel das Zeitfenster für eine solche Befragung beschränkt ist. Die Schwierigkeit bei der Durchführung lag darin, die Interviews auf die relevanten Informationen zum Expertentum zu begrenzen (ebd.; Flick, 2009a, S. 215+217). Hierbei war es von Vorteil, dem Leitfaden eine starke Steuerungsfunktion zukommen zu lassen, um für den Sachverhalt unergiebige Themen auszuschließen.

### 3.1.2 Leitfaden der Interviewfragen

Bei der Konstruktion des Leitfadens habe ich mich an die von Ullrich zur Überprüfung des Erhebungsinstruments vorgeschlagenen vier Anhaltspunkte gehalten, welche bei der Konstruktion des Leitfadens für jede Frage geprüft werden sollen (Ullrich, 1999, S. 436, zitiert in Flick, 2009a, S. 222):

- Warum wird diese Frage gestellt bzw. der Erzählstimulus gegeben?
- Wonach wird gefragt/ Was wird gefragt?
- Warum ist die Frage so (und nicht anders) formuliert?
- Warum steht die Frage, der Fragenblock, der Erzählstimulus an einer bestimmten Stelle?

Der von mir entwickelte Leitfaden umfasste zehn Fragen, welche teilweise mit einigen Sätzen eingeleitet wurden. Die letzten fünf davon waren Fragestellungen zu Einschätzungen von in der Literatur diskutierten Teilelementen „Bewegter Schule". Der Leitfaden strukturierte sich wie folgt:

1. Viele Lehrkräfte monieren die fehlende innerunterrichtliche Disziplin von Schülern. Oft wird zudem betont, ihr Verhalten hätte sich verschlechtert und somit auch die Verhältnisse. Wie reagieren Sie auf sich häufende Störungen, Un-

konzentriertheit und Unruhe im Unterricht: mit welchen Interventionsmaßnahmen steuern Sie dagegen? Wie sehen bei Ihnen Präventionsmaßnahmen aus?

2. Oft kommt die Unruhe der Schüler in ihrer Motorik zum Tragen: viele kippeln mit dem Stuhl oder hantieren mit Stift und Lineal, einige hält es kaum auf ihrem Sitzplatz. Fühlen Sie sich durch Bewegung im Klassenraum gestört? Welche Art von Bewegung ist für Sie akzeptabel und wo beginnt die Störung?

3. Bei vielen Lehrern, aber auch Eltern und sogar Schülern herrscht das Bild vor, „Sitzdisziplin" gehöre zur Schule dazu. Es gibt aber auch gegensätzliche Ideen, wie zum Beispiel das Konzept der „Bewegten Schule", welche Bewegung in den Unterrichtsfächern und im Schulalltag zum Prinzip des Lernens und des Lebens macht. Was halten Sie vom Konzept der „Bewegten Schule" und wo sehen Sie Vor- und Nachteile?

4. Das Konzept hat erst in wenigen Fällen Einzug in Gymnasien gehalten, zudem existiert kaum Literatur zu expliziten Möglichkeiten an dieser Schulform. Glauben Sie, dass an Gymnasien eine vermehrte Implementierung von Bewegung in den Unterricht, sowie in das Schulleben möglich ist? Begründen Sie!

5. Haben Sie schon einmal versucht, Bewegung in ihrem Unterricht in den Klassen 5 bis 10 einzusetzen oder wenden Sie sogar aktuell Facetten des Konzepts an?

   <u>Wenn ja</u>: Aus welchem Grund? Wie hat sich dies ausgewirkt? Gab es positive/ negative Folgen?

   <u>Wenn nein</u>: Was sprach für Sie bisher dagegen, Bewegung im Unterricht einzusetzen?

   (In den Stunden, in denen Sie keine Bewegung mit in den Unterricht implementieren: was spricht in solchen Einheiten für Sie dagegen?)

6. Wie stehen Sie folgenden Ideen für die Sek I Ihrer Schulform generell und Ihrer Schule im Spezifischen gegenüber?

   a) Veränderte Sitzmöglichkeiten durch neues Mobiliar und eine Auflockerung des „Sitzzwanges" im Klassenraum

   b) Bewegungspausen im Unterricht

   c) Lernen durch und mit Bewegung: kognitive Inhalte mithilfe von Bewegung vermitteln

d) Schulhofgestaltung mit neuen oder alternativen Geräten und Raum für Spiel und Entspannung

e) Stärkere Öffnung der Schule nach außen; v.a. in Richtung der Sportvereine

Es wurde hierbei eine Strukturierung erarbeitet, welche eine Entwicklung von generellen zu spezifischen Fragen aufweist. Somit bildet die erste Frage einen Einstieg in das Interview, bereitet aber schon die Hinwendung zum Thema „Bewegung" vor, welches in Frage 2 aufkommt. In Frage 3 wird zum ersten Mal das zu untersuchende Konzept angesprochen. Hier ist es zudem wichtig, bei einem möglichen Unwissen der Befragten der „Bewegten Schule" gegenüber, diese kurz zu erklären. Zu diesem Zweck wurde ein Info-Blatt entwickelt, welches kurz und knapp auf die wichtigsten Konzeptfacetten eingeht (siehe Anhang). Die folgenden Fragen zielen dann im Besonderen auf die Einschätzungen der Lehrer zu den Möglichkeiten und Grenzen des Konzepts ab; bei möglichem Unwissen einzelnen Elementen gegenüber, müssen diese erläutert werden.

Es bestand die Möglichkeit, dass sich Antworten zu den Fragen im Verlaufe des Interviews überschneiden. Dies hängt damit zusammen, dass die Fragen zum Konstrukt nicht streng voneinander getrennt stehen, sondern „ineinander übergehen". Die Offenheit von Leitfadeninterviews ist auf die Artikulation der subjektiven Theorien der Befragten ausgerichtet und begünstigt somit, dass durch thematisches „Ausholen" oder „Abschweifen" die Grenzen der Fragen verschwimmen. Mayring (2002) spricht in diesem Fall von einem „halbstrukturierten Interview", welches auf eine bestimmte Problemstellung zentriert ist, auf die der Interviewer immer wieder zurückkommt (S. 67). Der Leitfaden war „somit keine starre Strukturvorgabe für den Ablauf einer Frage-Antwort-Sequenz" (Krieger, 2008, S. 46). Sollte allerdings das „Abschweifen" Überhand nehmen, sodass der Erfolg des Interviews im Hinblick auf das Ziel der Arbeit nicht mehr sicher war, konnte (wie in 3.1.1. erwähnt) der Leitfaden verstärkt gesteuert werden. Auch war es möglich, dass eine noch nicht gestellte Frage im Verlaufe des Gesprächs schon hinreichend beantwortet wurde oder, dass die Reihenfolge nicht eingehalten wurde. Solange dies das Ziel der Befragung nicht gefährdet, seien hier Flick zufolge (2009) gewisse Spielräume möglich und teilweise nötig. Eine „Leitfadenbürokratie" schränke den Gewinn an Kontextinformationen ein (S. 223).

Insgesamt wurden zehn Interviews geführt, jeweils fünf am Gymnasium Johanneum in Wadersloh (IPJoh1-5, Transkripte siehe Anhang) und am Goerdeler Gymnasium in Paderborn (IPGoe1-5). Bei der Auswahl der Interviewpartner wurde darauf geachtet, eine möglichst heterogene Gruppe zu bekommen: es wurden demnach sowohl junge, als auch berufserfahrene Lehrer, sowohl Männer als auch Frauen befragt. Des Weiteren konnten zum einen Sportlehrer, zum anderen aber auch Lehrer ohne Sport in der Fächerkombination für ein Interview gewonnen werden. Im Verlaufe der ersten drei Interviews verdeutlichte sich, dass all diese Lehrkräfte auf irgendeine Art und Weise schon Bewegung in ihrem Unterricht eingesetzt hatten und auch noch aktuell anwendeten. Deshalb wurde ein Zusatz zur fünften Frage angefügt: „In den Stunden, in denen Sie keine Bewegung mit in den Unterricht implementieren: was spricht in solchen Einheiten für Sie dagegen?"

### 3.1.3 Dokumentation, Transkription und Auswertung der Interviews

Wesentliche Schritte der Aufbereitung der Daten waren in diesem Fall die Dokumentation des gesprochenen Wortes im Interview und die Verschriftung dessen. Zur Aufzeichnung bot sich hier die Benutzung eines Tonaufnahmegeräts an, da es die Fixierung der Daten von Sichtweisen unabhängig von denjenigen des Forschers und der Befragten macht. Es war dabei allerdings zu beachten, dass das Vorhandensein eines Gerätes die Äußerungen der Beteiligten beeinflussen kann. Ein möglichst kleines Gerät konnte hier am ehesten beim Interviewten „in Vergessenheit geraten" (Flick, 2009, S. 372f). Verwendet wurde in diesem Fall der *Edirol R 09 Recorder*.

Ist ein Gespräch aufgenommen worden, so muss danach die Transkription der Aufnahme vorgenommen werden. Mayring (2002) betont, dass „für eine ausführliche Auswertung (...) die Herstellung von Transkripten zwar aufwendig, aber doch unabdingbar" (S. 89) sei, da so das Bearbeiten und Analysieren der Gespräche vereinfacht werde. Da in dieser Arbeit vor allem die inhaltlich-thematische Seite des Materials interessierte, war die Technik des *zusammenfassenden Protokolls* (Mayring, 2002, S. 94ff) sinnvoll. So konnte die Materialfülle schon bei der Aufbereitung auf jene Aussagen reduziert werden, welche für die Arbeit relevant waren: „(...) einzelne Bedeutungseinheiten werden integriert, gebündelt, können fallen gelassen werden" (ebd.).

Zur Auswertung qualitativer Protokolle eignet sich Mayring zufolge vor allem die *zusammenfassende qualitative Inhaltsanalyse* (ebd. und S. 114ff). Durch sie kann das Material schrittweise bearbeitet werden, unter Berücksichtigung von Kategoriensystemen, welche theoriegeleitet am Material entwickelt werden. Dies bedeutet, dass der zusammengefasste Inhalt zuerst auf Selektionskriterien hin untersucht wurde; diese waren im Falle dieser Arbeit die Expressionen der Lehrkräfte bezüglich des Konzepts der „Bewegten Schule", insbesondere ihre Einschätzungen hinsichtlich der Chancen und Grenzen in der Sekundarstufe I an Gymnasien, aber auch die Aussagen zur Akzeptanz von Bewegung, sowie zu Unterrichtsstörungen und dem Entgegenwirken. Mit diesen Elementen im Hinterkopf wurde nun „das Material Zeile für Zeile durchgearbeitet" (ebd., S. 116), um wichtige Aussagen („Codes") zu filtern und Kategorien zu bilden. Das Kategoriensystem wurde dabei induktiv am Material entwickelt, was bedeutet, dass nicht schon vor der Bearbeitung des Materials Theorien oder Codes vorlagen. Alle Aussagen, welche zu einer Kategorie des Gesamtthemas passten, wurden dieser dann zugeordnet. Somit wird ein Set von Kategorien zum Thema der Einschätzungen der Lehrer gebildet, aus welchem sich später auch die Gliederung der Präsentation der Ergebnisse ergeben sollte (vgl. Kap. 4).

Zur Überprüfung des Kategoriensystems bot es sich an, eine intersubjektive Validierung der Codes durchzuführen. Dazu habe ich einen Teil meines ersten Interviews (IPGoe2), welches als „Probeinterview" geplant war, und mein daran entwickeltes Kategoriensystem einer zweiten Person vorgelegt, welche daraufhin selbst den Text durchgearbeitet hat. Vorhandene Differenzen wurden, ähnlich der Beschreibungen von Mayring (2010) zur Revision von Kodierschemata (S.62), bezüglich der Abgrenzung der Codes diskutiert. Nach einem zweiten und dritten Durchlauf dieses Vorgehens wurde eine Intercodereliabilität festgestellt, welche als Voraussetzung für die Validität des Kategoriensystems gilt.

Die Aussagen aus dem oben genannten „Probeinterview" erwiesen sich in weiten Teilen als verwertbar und wurden in die Arbeit mit eingebunden. Nach der Auswertung und Aufteilung der Daten in die Kategorien wurden die Angaben in Bezug auf die Fragestellung der Arbeit interpretiert.

Frei & Reinartz (2008) erläutern, dass Konzepte des „Aufbrechens" von Datenmaterial durch Kodieren und Kategorisieren allgemein sensibel für die Entstehung von Theorien seien (S. 191). Die Entwicklung theoretischer Annahmen über die Chancen und Grenzen des betreffenden Konzepts war somit wahrscheinlich, ähnlich der Ausführungen von Mayring (2002, S. 103ff), Flick (2009, S. 387ff), Frei (2005, S. 53ff) und eben Frei & Reinartz (2008, S. 188ff) bezüglich der durch Glaser und Strauss 1967 begründeten *Grounded Theory*. Die Autoren schreiben die Eignung dieser „gegenstandsbezogenen Theoriebildung" allerdings eher dem narrativen und somit „möglichst offenen" (ebd., S. 189) Interview zu, da schon während der Erhebung, also des Interviews induktiv eine Konzept- bzw. Theoriebildung erfolgen kann und der Interviewer in der Folge den Gesprächsverlauf anpassen soll, um diesen in die Richtung einer Theoriebildung zu lenken. Dies war in der vorliegenden Arbeit nicht vorgesehen. Die Entwicklung theoretischer Annahmen war vor diesem Hintergrund nichtsdestotrotz durch ein Leitfadeninterview möglich, wenn auch eher im Sinne Glasers, welcher (anders als später Strauss) die Position vertrat, dass Theorie *aus* Daten bzw. *nach* der Datenerhebung zu entstehen habe und weniger schon *währenddessen*. Zudem bleibt zu betonen, dass es sich in diesem Fall um eine reduzierte Theorieentwicklung handeln würde, da die Anzahl der befragten Lehrkräfte relativ klein und die Datenmenge, und somit die Reliabilität und Objektivität, eher gering war. Des Weiteren ließen sich einige Daten nicht auf die Schulform Gymnasium generell beziehen, da sie nur an zwei Schulen erhoben wurden.

## 3.2 (BEWEGUNGS-)PORTRAITS DER SCHULEN

Von Kardorff (2009) merkt an, dass qualitative Evaluationsforschung auf Spezifität abzielt, weniger auf Generalisierbarkeit (S. 245f). Daher sollen im Forschungsdesign einer Studie lokale Besonderheiten beachtet werden. Eine Übertragbarkeit der Ergebnisse sei zwar nicht ausgeschlossen, „bindet sie aber an die jeweils besonderen Bedingungen für Implementation und Umsetzung". Aus diesem Grunde werden im Folgenden die beiden Schulen dargestellt, mit deren Lehrkräften die Interviews durchgeführt wurden. Das Hauptaugenmerk liegt hierbei auf dem Grad der Bewegung, den die Heranwachsenden in der und durch die Schule erfahren.

### 3.2.1 Das Gymnasium Johanneum in Wadersloh

Das Johanneum ist eine ländlich gelegene, katholische Schule in privater Trägerschaft und beschreibt sich als offene Ganztagsschule. Im zweiten Halbjahr des Schuljahres 2011/2012 unterrichten hier 48 Kollegen, vier Zusatzkräfte und ein Referendar, die Zahl der Referendare wird sich allerdings ab Mai auf sieben erhöhen. Die Schülerzahl beträgt in etwa 800. Die erste Stunde beginnt um 7:30 Uhr, es schließt sich eine Doppelstunde an, welcher die erste große Pause (20 Minuten) folgt. Die vierte und fünfte Stunde werden erneut ohne Unterbrechung als Doppelstunde gehalten, die sechste Stunde ist dann erneut eine Einzelstunde. Nach einer 10-minütigen Pause folgt die siebte Stunde, wonach die Mittagspause (30 Minuten) liegt. Die letzten beiden Stunden sind erneut als Doppelstunde geplant, welche um 15:30 endet.

Das Gymnasium ist keine „Bewegte Schule" und hat auch ansonsten kein derartiges Konzept im Schulprogramm (Johanneum Wadersloh, o.J. a, o. S.) verankert. Es wird in diesem allerdings eine Gesundheitserziehung erwähnt, welche im Biologie- und Sportunterricht, sowie in „besonderen Projekten (z.B. ‚Rückenschule')" erfahren werden soll. Der Sportunterricht findet für alle Klassen regulär dreimal in der Woche statt, die Wahl eines Sport-Leistungskurses für Oberstufenschüler ist nicht möglich. Für den Sportunterricht stehen eine kleine schuleigene Halle und eine große Dreifachhalle zur Verfügung. Letztere wird auch von der Geschwister-Scholl-Realschule, sowie von mehreren lokalen Vereinen mitbenutzt. Für den Schwimmunterricht wird das kleine Hallenbad im Nachbarort Liesborn (ca. 2,6km) mit dem Bus angesteuert. Nutzbare Außenanlagen wie zwei Fußballplätze, eine Aschebahn und Tennisplätze befinden sich auf dem Gelände der TuS Wadersloh in ca. 1,2km Entfernung. Zudem bietet das schuleigene Außenareal den Teil eines ehemaligen Fußball-Ascheplatzes und einen erneuerten Kleinfeld-Hartplatz mit Basketballkörben und Fußballtoren. Auf dem Pausenhof befinden sich des Weiteren drei Tischtennisplatten, welche auch während der Pause genutzt werden dürfen. Außerdem besteht für die Schüler die Möglichkeit, in den Pausen Spielgeräte wie Bälle und Frisbees zu leihen und somit informell Sport zu treiben. Zum Areal der Schule gehört auch der Schulgarten mit dem darin liegenden Feuchtbiotop, welcher hauptsächlich für den Biologieunterricht von Relevanz ist.

Während der Pausen werden die Klassenräume der Klassen 5-9 abgeschlossen. Diese dürfen sich bei gutem Wetter auf dem Schulhof und in der Cafeteria aufhalten, bei schlechtem Wetter darf zudem auch die Aula des Schul-Neubaus genutzt werden. Weiterhin bietet die Schule im Altbau ein Selbstlernzentrum mit Bücherei und zwei kleineren Aufenthaltsräumen, in welche man sich zurückziehen kann, um Musik zu hören oder kleine (Brett-)Spiele zu spielen. Die Kapelle im Altbau steht nicht zur freien Verfügung, sondern wird meist unterrichtsintern genutzt.

Bewegung einschließende AGs (ebd., o.J. b, o. S.) sind sowohl im sportlichen Bereich angesiedelt (Basketball, Sportspiele, Fußball, Yoga), als auch in weiteren Bereichen zu finden: so werden auf dem weiteren Gebiet der Kunst mehrere Arbeitsgemeinschaften, beispielsweise eine Mode-AG, ein Atelier-Nachmittag oder das Arbeiten mit Ton angeboten, es gibt eine Theater-AG für Schüler ab Klasse 9 und in der offenen Biologiewerkstatt steht die praktische Biologie im Vordergrund. Nicht zuletzt gibt es auch eine Übermittagsbetreuung, in welcher die anwesenden Schüler Gesellschaftsspiele spielen oder sich ausruhen können. Feste Kooperationen mit Vereinen gibt es aktuell nicht, sind aber laut des Geschäftsführers des Schulvereins, Herrn Bernhard Heising, für die nahe Zukunft geplant.

### 3.2.2 Das Goerdeler-Gymnasium in Paderborn

Das Goerdeler-Gymnasium ist eine städtisch gelegene Schule in öffentlicher Trägerschaft. Im zweiten Halbjahr des Schuljahres 2011/2012 unterrichten 77 Lehrkräfte und Zusatzkräfte an dieser Schule, zudem werden neun Referendare ausgebildet. Die Schülerzahl beträgt ca. 950. Schulbeginn ist um 7:50 Uhr. Die Stunden verlaufen für die Jahrgangsstufen 5-12 grundsätzlich im 45-Minuten-Takt, welche durch 5-Minuten-Pausen unterbrochen werden, die ersten beiden Stunden werden allerdings als Doppelstunde ohne Pause geführt. Nach der zweiten Stunde schließt sich eine 20-minütige Pause an, nach der vierten Stunde eine 15-minütige. Die siebte Stunde ist für diese Klassen eine 55-minütige Pause, die elfte und potentiell letzte Unterrichtsstunde endet um 17:05 Uhr.

Auch das Goerdeler-Gymnasium bietet kein Bewegungskonzept à la „Bewegte Schule", auch ist die Bewegung nicht explizit im auf der Homepage der Schule präsentierten Schulprogramm (Goerdeler-Gymnasium Paderborn, 1999, S. 5-32) festgehalten. Oberstufenschülern ist es hier allerdings möglich, den Leistungskurs Sport zu wählen, ansonsten haben alle Klassen dreimal in der Woche regulären Sportunterricht. Dieser findet wahlweise in der schuleigenen Dreifachhalle, im Schwimmbad in Elsen oder auf den Außenanlagen, einem Fußballplatz mit Aschebahn und einem Tennisplatz, statt. Diese Anlagen dürfen auch im Nachmittag genutzt werden. Der Schulhof bietet zudem zwei Tischtennisplatten und eine Kletterwand, wobei Letztere nicht in den Pausen, sondern nur unter Anleitung benutzt werden darf. Spielgeräte wie Bälle werden zumeist von den Schülern selbst mitgebracht, Tore oder Basketballkörbe fehlen jedoch. Schuldirektorin Frau Lazar erwähnte im Gespräch, dass eine sogenannte „Pausenhilfe" angedacht ist[3]: so sollen unter Aufsicht und Anleitung kleine Spiele und Sportspiele stattfinden können, auch eine Ausleihe von Gerätschaften schließe dies mit ein. Bisher konnte dies aber noch nicht umgesetzt werden, sodass momentan das informelle Spielen in den Pausen überwiege.

Auch am Goerdeler-Gymnasium stehen die Klassenräume den Schülern der Sekundarstufe I in den Pausen aus sicherheitstechnischen Gründen nicht zur Verfügung und werden von den Lehrkräften abgeschlossen. Als Rückzugsmöglichkeiten verbleiben damit für diese Schüler die Cafeteria, die Pausenhalle und der Schulhof, sowie in der ersten großen Pause die schulinterne Bücherei. Der „Raum der Stille", ein Raum, in welchem man entspannen kann, steht den Schülern außerhalb des Unterrichts nicht offen. Die Sekundarstufe II hat einen eigenen Oberstufenraum.

Laut des Schulprogramms sei die zentrale Aufgabe der Schule die ganzheitliche Entwicklung der Schüler, welche durch die vier Aufgabenfelder (das sprachliche, das mathematisch- naturwissenschaftliche, das gesellschaftswissenschaftliche und das sportlich- künstlerisch- musische) gefördert werden soll. „Ergänzt und bereichert" (ebd., S. 12) werde diese Ganzheitlichkeit durch ein Ganztagsangebot für die Klassen 5 und 6, welches mittwochs Spiel, Entspannung und eine Hausaufgabenbetreuung einschließt, sowie durch diverse AG- Angebote für alle Jahrgangsstufen (ebd., 2011, o. S.). Zu den

---

[3] Diese ist in der AG- Liste (siehe unten) als „bewegte Pause" aufgeführt.

sportlichen Angeboten zählen hierbei die Fußball-AG, die Akrobatik-AG und die Basketball-AG. Frau Lazar beschrieb zudem die Musik-AGs (Chöre, Young Band und Big Band) als Bewegung einschließend und betonte des Weiteren, dass die durch sie selbst geführte „Chemie im Alltag"-AG viele Experimente beinhalte und somit „Bewegtes Lernen" einschließe. Es besteht eine Kooperation mit einer Tanzschule, welche ausschließlich für die achten Klassen eingegangen wird. Ansonsten gebe es keine festen Verträge mit Bewegungs-Vereinen, eine Zusammenarbeit werde nach Bedarf arrangiert, so Frau Lazar.

# 4 EVALUATION

Resümierend aus dem theoretischen Teil dieser Arbeit wäre es durchaus möglich, Facetten des Konzepts an Gymnasien umzusetzen oder sogar ein ganzes Bewegungskonzept an einzelnen Schulen einzuführen. Im Folgenden wird nun die Auswertung der geführten Interviews vorgenommen. Dabei erfolgt eine Unterteilung der gesammelten Daten in die Teilbereiche *Unterrichtsstörungen, Empfindung der Bewegung im Klassenraum, Einschätzungen zum Konzept* und *Bewegungsangebote der Lehrkräfte*.

## 4.1 UNTERRICHTSSTÖRUNGEN

Wie bereits in den Begründungsmustern verdeutlicht wurde, ist Bewegungsarmut im Unterricht eine potentielle Ursache von Störungen durch Schüler. Ein Mangel an Bewegung kann zu Konzentrationsschwierigkeiten führen, welche als Resultat entweder ein „Abschalten" oder das sich selbst Ablenken zur Folge haben können. Bewegung kann im Gegensatz dazu die Aktivierung des Parasympathikus einschränken und zudem Stresshormone abbauen, wodurch eine Minderung der Aggressivität und Unruhe erwirkt werden kann. Durch die Eingangsfrage meines Leitfadens wollte ich erfahren, ob Lehrkräfte sich diese Chance zu Nutze machen: Welche Aktivitäten werden präventiv angewandt, um Störungen gar nicht erst aufkommen zu lassen? Und falls es doch notwendig ist, wie intervenieren die befragten Lehrkräfte dann?

### 4.1.1 Präventionsmaßnahmen

Zwei Lehrerinnen geben zu verstehen, dass Prävention wichtiger sei als Intervention, da „dann kann nicht mehr so ganz viel schiefgehen" könne (IPJoh1). Am häufigsten wird mit vier Nennungen die passende Sitzordnung zur Vorbeugung von Störungen genannt (IPGoe2+5, IPJoh3+5). Zudem kommt dem Methodenwechsel und der damit einhergehenden abwechslungsreichen Gestaltung der Schulstunden eine große Bedeutung zu (IPGoe3+4, IPJoh3), „damit [die Schüler] sich nicht zu stark langweilen. So ist die Aufmerksamkeit höher" (IPGoe3). Weitere Nennungen beziehen sich auf die gute Planung des Unterrichts (IPJoh1), „spannende Aufgabenstellungen" (IPGoe5) und die

Stellung des Lehrers im Klassenraum (IPJoh1). Außerdem sei es als Klassenlehrer sinnvoll, den Redebedarf der Schüler zu Anfang der Stunde aufzunehmen, um zu vermeiden, dass dieser im eigentlichen Unterricht zu Unruhe führt (IPGoe1).

Die Ausführungen von fünf Interviewpartnern lassen zudem darauf schließen, dass in der Tat Bewegung als Mittel zur Vorbeugung von Störungen angeboten wird: implizit bringen dies IPJoh2, welcher mit den Schülern zwischendurch aufsteht, ein englisches Lied singt und einen Schüler dabei Gitarre spielen lässt und IPJoh3, welcher bei jüngeren Klassen die Doppelstunde für eine 2-3-minütige (unangeleitete) Pause unterbricht, zur Sprache. Explizit wird körperliche Aktivität in folgenden Aussagen erwähnt: „(…) manche Klassen lasse ich auch erst einmal um den Sportplatz laufen. Wenn es eine Doppelstunde ist, dass ich dann sage, zwischendrin oder zu Anfang sollen die mal eine Runde drehen" (IPJoh4); „Ich versuche in der [Klasse] 5 Spiele einzubauen: Vokabelecken, Dialoge vorspielen. Wo die Kinder sich dann auch bewegen können" (IPGoe3). Bei Letzterer wird demnach „Bewegtes Lernen" als Störungsprävention eingesetzt. Ferner führt IPGoe2 in der Doppelstunde mit einer fünften Klasse eine Art Bewegungspause durch, da sie erkannt habe, dass es in 90 Minuten schwierig sei, sich durchweg zu konzentrieren: „(…) dass ich schon so nach 45 Minuten oder wenn es sich gerade so anbahnt im Unterricht, dass die Phase gewechselt wird, dass ich dann einfach einmal sage ‚So, alle mal hinstellen, alle mal tief einatmen, alle durchschütteln'."

### 4.1.2 Interventionsmaßnahmen

Maßnahmen sprachlicher Natur werden hier am häufigsten genannt: vier Kollegen thematisieren die Störung, indem sie den oder die betreffenden Schüler direkt ansprechen (IPGoe1, 4+5, IPJoh1), IPGoe1 erwähnt dabei aber, dass manchmal auch „ein scharfer Blick" reiche und einige Störungen gar nicht erst thematisiert werden sollten. Ebenfalls viermal wird die Isolation von Schülern genannt, wenn eine Störung die Mitschüler dauerhaft zu sehr tangiert und der Unterricht Schaden trägt (IPGoe5, IPJoh2, 4+5). Die Möglichkeit der Auftragung von Zusatzaufgaben kommt in drei Interviews zum Ausdruck (IPGoe2, IPJoh2+4). IPJoh2 führt des Weiteren Elterngespräche, wenn Störungen zu Defiziten führen. IPGoe1 spricht davon, als Lehrperson Störungen in der Klasse zu begegnen, indem man selbst nicht mehr spricht. Dazu müsse man aber „auch mal eine Minute opfern". Einer motorischen Unruhe von ADHS-Schülern wirkt IPGoe4 durch sanftes Hand-auf-die-Schulter-Legen entgegen. Ein Methodenwechsel wird von zwei Kolleginnen angesprochen (IPGoe3+4), wobei diese beiden Lehrkräfte betonen, dass Störungen ein Indiz dafür seien, dass man als Lehrer etwas ändern müsse.

IPGoe3 spricht in diesem Zusammenhang auch von Bewegung: beginnen Kinder, motorische Unruhe zu entwickeln, so könne man „Dialog vorspielen lassen, Vokabelecken spielen, dass die sich nicht nur still auf mich konzentrieren müssen." Vier Kollegen des Johanneum (IPJoh2-5) lassen bei aufkommender Müdigkeit oder Unruhe die Schüler ein paar Minuten draußen laufen, um „dann wieder konzentriert arbeiten" (IPJoh3) zu können. IPJoh3 und IPJoh2 praktizieren dies vor allem mit jüngeren Schülern, IPJoh2 habe dies ebenfalls mit Neuntklässlern versucht, allerdings mit dem negativen Effekt, dass bei diesen Schülern „das auch oft ausgenutzt wird um Unterrichtszeit abzuzwacken". IPJoh5 mache dies altersunabhängig, sie erwähnt keine Beeinträchtigungen.

### 4.1.3 Zwischenfazit

Sowohl bei den Maßnahmen, welche Störungen von vornherein auszuschließen versuchen, als auch bei solchen, welche ihnen entgegenwirken, bringen die Lehrkräfte eine Reihe von Möglichkeiten an. Körperliche Aktivität spielt dabei bei einigen Kollegen eine Rolle, wird aber von der Mehrzahl der Lehrer nicht als Präventions- oder Interventionsmaßnahme erwähnt. Auffällig ist, dass jene Interviewpartner, welche Bewegung eingreifend anbieten, sich diese auch vorbeugend zu Nutze machen (IPGoe3, IPJoh2+3). Ausführungen in Richtung des „Bewegten Lernens" gab IPGoe3 sowohl bei der Frage zur Prävention, als auch zur Intervention. Bewegungspausen-Ähnliches bieten IPGoe2, IPJoh2 und IPJoh3 an, allerdings mit dem Fokus auf den jüngeren Klassen. Kritisch ist die Aussage von IPGoe1 zu betrachten, welcher versucht, durch eigene Stille der Unruhe der Klasse entgegenzuwirken. Dies ist meiner Meinung nach nur ein Aufschub, aber keine Aufhebung weiterer Störungen. In dieser Zeit könnte durch Bewegung den Konzentrationsschwierigkeiten entgegengewirkt werden.

## 4.2 EMPFINDUNG DER BEWEGUNG IM KLASSENRAUM

„Bewegung wird als Störung betrachtet" (Klupsch-Sahlmann, 1995, S. 14): Die zweite Frage des Leitfadens zielt auf solche Aussagen ab, welche die subjektiv empfundene Akzeptanz oder Ablehnung gegenüber Bewegung im Unterricht beschreiben. Welche Bewegung durch Schüler wirkt auf die Lehrkräfte störend und wann ist „motorische Unruhe" vertretbar?

### 4.2.1 Störende Bewegung

Die Lehrpersonen differenzieren bei Störungen zwischen solchen, welche sie selbst betreffen und solchen, welche störend für die Klasse sind. Sechsmal wird erwähnt, dass motorische Unruhe eine Störung für die Lehrperson selbst bedeuten kann (IPGoe2+3, IPJoh1, 3, 4+5), IPJoh5 stellt dabei klar, dass sie generell Bewegungslosigkeit, Ruhe und Aufmerksamkeit verlange. IPJoh1 erläutert, dass sie im Referendariat negative Erfahrungen mit einem ADHS-Schüler gemacht habe, welcher zu fortgeschrittener Unterrichtszeit nicht nur sie selbst als Lehrkraft, sondern auch die Klassenkameraden gestört habe. Insgesamt beziehen sich Aussagen von ebenfalls sechs Interviewpartnern auf Beeinträchtigungen für die Klasse (IPGoe1, 3+5, IPJoh1-3), sei es durch Aufstehen, Unruhe durch die Benutzung von Utensilien und damit einhergehend einem erhöhten Geräuschpegel oder das Kippeln mit dem Stuhl. Letzteres wird von fünf Lehrern als eine potentielle Störung dargestellt (IPGoe1-3, IPJoh2+4), wobei IPGoe1, IPGoe2 und IPJoh4 den Sicherheitsaspekt ansprechen. IPGoe3 bringt erneut an, dass motorische Unruhe „ein Signal dafür sein [kann], dass ich was ändern muss, dass ich eventuell nicht so viel reden sollte oder frontal unterrichten sollte und die Arbeitsform wechseln muss".

## 4.2.2 Akzeptable Bewegung

Den Antworten von sechs Lehrkräften ist zu entnehmen, dass es einen großen Unterschied macht, ob motorische Unruhe unmotiviert oder durch den Unterricht bedingt entsteht. So sei Bewegung in bestimmten Phasen durchaus gewünscht und an das jeweilige Vorgehen im Unterricht gebunden (IPGoe1-3, IPJoh2, 3+5), beispielsweise durch bestimmte Gruppenzusammensetzungen (IPGoe1+2, IPJoh2+3), beim Experimentieren im Chemieunterricht (IPGoe2) oder bei angeleiteten Spielen (IPJoh5). Die positive Folge könne sein, dass der Unterricht aufgelockert werde „und die Schüler (…) danach auch konzentrierter bei der Arbeit" sind (IPGoe1). Das in 4.2.1. angesprochene Stuhlkippeln wird von zwei Lehrpersonen nicht als störend empfunden (IPGoe5, IPJoh1), die Sportlehrer IPGoe1 und IPJoh2 relativieren ihre negativen Kommentare in Betracht des sportlichen Werts. IPGoe5 stört leichte motorische Unruhe durch Materialnutzung am Platz generell nicht, IPJoh4 erläutert, dass bei einer Nichtthematisierung die Störung von alleine nachlasse. IPJoh5 gibt an, dass sie die Schüler nicht alle gleich behandeln könne, da beispielsweise bei einer ADHS-Störung nicht dasselbe Maß an Ruhe zu erwarten sei.

## 4.2.3 Zwischenfazit

Besonders interessant sind im Zusammenhang mit Bewegung und ihrem potentiellen Störfaktor folgende Aussagen: IPGoe4 gibt an, sich schnell selbst gestört und genervt zu fühlen, „Das heißt aber nicht, dass es nicht vorkommt und dass ich es nicht trotzdem toleriere. Ich glaube, dass Schüler das brauchen." Von einer in der Grundschulzeit angewöhnten Bewegung spricht IPGoe2, welche diese laut eigener Aussage anfangs ungewöhnlich fand, sich aber nun damit arrangiert habe. Für sie sei es mittlerweile viel störender, wenn Schüler erst fragen, ob sie aufstehen dürfen, als dieses einfach zu tun. Dies lässt darauf schließen, dass nicht nur bei den Schülern, sondern auch bei den Lehrkräften eine Art Gewöhnung möglich sein kann, wenn man sich auf bestimmte motorische Unruhe einlässt. Dass sechs von zehn Lehrkräften ungefragt betonen, Bewegung gehöre in einigen Phasen schlicht zum Unterrichtsgeschehen dazu und sei in solchen Fällen auch keinesfalls als störend zu betrachten, kann als positives Zeichen im

Hinblick auf die Chancen vermehrter Implementierung von Bewegung in die Schule gewertet werden.

## 4.3 EINSCHÄTZUNGEN ZUM KONZEPT

Im folgenden Abschnitt wird erläutert, wie die Lehrkräfte der beiden Gymnasien dem Konzept der „Bewegten Schule" im Allgemeinen und des Weiteren einzelnen Facetten dessen gegenüberstehen. Dabei haben sich subjektiv empfundene Chancen und Grenzen zu *„Bewegtem Lernen", „Bewegtem Sitzen"*, Bewegungspausen, dem *Schulleben* mit der Gestaltung der Schule und der *Kooperation mit Vereinen* ergeben.

### 4.3.1 Gesamtkonzept

Ausführungen zum Gesamtkonzept finden sich bei allen befragten Lehrern. Positive Einschätzungen bringen dabei sieben Lehrkräfte an (IPGoe1, 3, 4+5, IPJoh2, 3+5), welche auf unterschiedliche Arten erläutert werden: So wird beispielsweise allgemeine Offenheit in Aussagen wie „man ist ja immer auf der Suche nach Dingen, die man vielleicht besser machen kann. Das würde ich gerne noch einmal ausprobieren" (IPGoe1), „Das halte ich schon für sinnvoll, das über den Klassenraum Hinausgehende sowieso" (IPGoe5) und „Ich brauche attraktivere Gestaltung des Schulhofs, ich brauche (….) eine stärkere Mischung, dass ich also auch Musik – Bewegung – Tanz mit einbaue" (IPJoh3) artikuliert. Vier Interviewpartner erwähnen, dass ein solches Konzept erarbeitet und instrumentalisiert werden sollte (IPGoe1, 4+5, IPJoh5), beispielsweise durch die Fachdidaktiken oder die Fachschaft Sport. Vier Ausführungen schreiben die Eignung „Bewegter Schule" den unteren Klassen zu (IPGoe1, 3+4, IPJoh3), was unter anderem mit der spielerischen Note (IPGoe1) und dem ausgeprägteren Bewegungsdrang der jüngeren Schüler (IPGoe4) zusammenhänge. Allerdings relativiert IPGoe3, dass sie sich dies auch „bei einem 11-Stunden-Schultag, den viele Oberstüfler absolvieren müssen, ganz dringend wünschen" würde. IPJoh2 und IPGoe1 vermuten zudem, dass eine Einführung des Konzepts in den unteren Klassen dazu führen könne, dass „das später, wenn die älter sind, auch noch funktionieren" (IPJoh2) und eine Nachhaltigkeit des Konzepts auch für ältere Jahrgänge erreicht werden könne. Dazu sei es aber auch notwendig, den Sinn der Bewegung bereits in den unteren Klassen zu erläutern (IPGoe1+4).

„Es gibt einfach Unruhe, weil Klassen sehr unmotiviert sind und keinen Bock haben. (….) Das war tatsächlich früher besser", so IPJoh2, welcher zudem ergänzt, dass Schüler oft müde seien. IPGoe1 bestätigt den Trend zu vermehrter Unruhe und fügt hinzu, dass Bewegungsmangel eine Erklärung dafür sein könnte. Dass man dem natürlichen Bewegungsdrang vieler Schüler Rechnung tragen müsse, sehen insgesamt vier Kollegen so (IPGoe1+4, IPJoh1+3). IPJoh1 und in besonderem Maße IPGoe1 betonen, dass man aufkommenden Konzentrationsschwierigkeiten durch Bewegung beikommen könne: Letzterer akzentuiert den möglichen Wert von Bewegungspausen, Bewegung im Unterricht und der Pausengestaltung für eine Steigerung oder Wiederherstellung der Konzentration. IPJoh3 erklärt, man könne „sicher nicht drei oder vier Doppelstunden machen, ohne dass ich den Kindern die Möglichkeit gebe, auch zu laufen, zu rennen, zu springen. Mit dem Ganztag wird das also ein verstärktes Thema" und auch IPGoe3 ist der Meinung, dass die Notwendigkeit eines Bewegungskonzepts bestehe, weil Schüler immer mehr Zeit in der Schule verbringen. Für IPGoe1 und IPJoh5 besteht ein weiterer Grund für einen Einsatz des Konzepts in der Veränderung des kindlichen Bewegungshandelns: durch die Schaffung von Arrangements könne man der Sport- und Bewegungsferne und somit schwächer ausgebildeter Motorik und Fettleibigkeit entgegenwirken.

Allerdings werden von allen zehn Befragten auch diverse Bedenken dem Gesamtkonzept „Bewegte Schule" gegenüber geäußert: „Der Zeitfaktor kappt das meiste Schöne. Es gibt immer die Pflicht und die Kür und dafür hat man immer zu wenig Zeit" (IPJoh5). Die Zeit ist die mit Abstand meistgenannte negative Beeinflussung einer vermehrten Implementierung von Bewegung (IPGoe1, 3, 4+5, IPJoh1, 2, 4+5). So sei es am Gymnasium „mit den straffen Curricula- Vorgaben" (IPGoe5) „mehr und geballter Stoff, als an anderen Schulformen. Es ist immer der Aspekt der Zeit, der einem im Nacken sitzt" (IPGoe1); laut IPGoe3 sei dies vor zehn Jahren noch nicht so gewesen. IPGoe1 relativiert seine Aussage jedoch dahingehend, dass man vor dem Hintergrund von Störungen auch den anderen Ansatz sehen müsse: „die Chancen die ‚Bewegte Schule' hat, Unterrichtsstörungen zu minimieren (…), weil du nur 2, 3, 5 Minuten dafür investieren musst, auf der anderen Seite aber eventuell 10 Minuten Störungen vermeidest." Ferner wird die geringere Eignung für ältere Klassen zweimal genannt (IPGoe1, IPJoh3). Zwar befürchtet Ersterer, dass Schüler der Jahrgänge 8 und 9 Bewegung im Unterricht nicht mehr ernst nähmen, es gilt allerdings ebenfalls hier sein vorgenannter Einwand, bei einer frühen Gewöhnung könne die Akzeptanz von Bewegungsaktivitäten auch bei solchen Heranwachsenden noch gegeben sein. Die methodische Schulung spielt für ihn ebenfalls eine große Rolle: sowohl die Schüler selbst müssten wissen, was zu tun ist, als auch die Lehrpersonen, welche das Konzept in die Klassen tragen: „Es müsste zudem ja auch von den einzelnen Kollegen mitgetragen werden, denn es nützt ja nichts, wenn ich das in Englisch mache, aber in den anderen Fächern läuft es nicht…dann hat es keine Nachhaltigkeit." IPGoe4 zweifelt daran, dass Bewegungsangebote „als Kunst für die Kunst" und nicht mit dem Unterrichtsstoff verbunden eine Akzeptanz der Schüler bezüglich der Bewegung erwirken können. Sie ergänzt, dass es an Gymnasien häufig der Fall sei, dass Schüler oft die Befürchtung hätten, sich zu blamieren und daher spielerische Formen tendenziell verneinen. Ein weiterer Einwand bezieht sich auf die generelle Implementierung eines solchen Konzepts: IPJoh2 merkt an, dass vorschnelle (Be-)Schlüsse häufig negative Folgen hätten. So dürfe man nicht den Fehler machen, ein Grundschulkonzept genau so auch an Gymnasien durchführen zu wollen, „denn wir haben ganz andere Voraussetzungen und auch andere Ziele als die Grundschule." IPJoh5 fügt an, dass sie, trotz genereller Zustimmung, als Lehrperson durch mögliche Auflagen für ihren Unterricht eher gehemmt würde, da sie starre Schemata stören.

### 4.3.2 „Bewegtes Lernen"

Alle befragten Lehrer zeigen sich in ihren Aussagen offen gegenüber der Vermittlung kognitiver Inhalte mittels Bewegung und es stellt sich heraus, dass jede Lehrkraft „Bewegtes Lernen" bereits in irgendeiner Form in ihren Unterricht integriert hat. Die in diesem Zusammenhang genannten Möglichkeiten finden sich dementsprechend in 4.4.1. wieder, sodass sie in diesem Punkt keine explizite Erwähnung finden.

Sieben von zehn Lehrkräften geben als Grund für solche Bewegungsangebote an, dass der Lerneffekt durch eine ganzheitliche Aneignung des Unterrichtsstoffs höher sei

(IPGoe1, 2, 3+5, IPJoh1, 2+5): in Bezug auf ihren Chemieunterricht beispielsweise glaubt IPGoe2, „dass Schüler besser lernen, wenn sie was anfassen können oder sich bewegen können dabei. (....) Sie verbinden bestimmte Inhalte mit Bewegung. Und das fördert auf jeden Fall den Lernprozess." Ähnlich lauten die Erklärungen der Kollegen (IPGoe4: „Ob ich mir nun einen Würfel vorstelle oder sogar anfassen kann und eventuell sogar bewege, da liegen Welten zwischen"; IPGoe1: „So hat man Bewegung, das Bild, man hat Text, dann ist es vielleicht noch ein bisschen deutlicher"). IPGoe1 und IPGoe2 sprechen in diesem Zusammenhang auch von positiven Effekten für die Oberstufe, IPJoh1 und IPJoh2 erwähnen des Weiteren, dass dieses Phänomen auch bei Studenten noch aufträte. IPJoh3 erläutert, dass solche Lernformen gerade in motorisch unruhigen Klassen dem Bewegungsdrang der Schüler entgegenkämen. IPGoe4 äußert zwar die Befürchtung, es könne dadurch ein wenig lauter werden, Lösungen dessen seien aber die Aufstellung einfacher Regeln und Vereinbarung von Zeichen. IPGoe5 sieht des Weiteren die Notwendigkeit, dass im Zuge einer vermehrten Implementierung von Bewegungsangeboten in den Unterricht auch die Lehrwerke angepasst werden. Da es in diesen aber nur wenige Anhaltspunkte gebe, gestalte sich auch das Handeln der Lehrer in diese Richtung als schwierig.

Weitere Problematiken bestünden im bereits erwähnten Zeitfaktor und bei der Thematik, welche ein Bewegungsangebot nicht immer zulasse (IPGoe5). Letzteres findet sich in ähnlicher Form auch bei IPGoe5 und IPJoh4 wieder, welche in ihren naturwissenschaftlichen Fächern die Möglichkeiten von Bewegung eher weniger gegeben sehen. IPJoh2 befürchtet, dass solche Angebote in stillen Klassen eher kontraproduktiv sein könnten, weil diese durch Unsicherheit eventuell gehemmt seien. Ferner bringen er und IPGoe1 erneut die Vermutung an, dass „Bewegtes Lernen" mit jüngeren Schülern möglicherweise eher umzusetzen sei.

### 4.3.3 „Bewegtes Sitzen"

Auch das Thema „Bewegtes Sitzen" wird von allen Lehrkräften stellenweise befürwortet. Acht von zehn Interviewpartnern äußern sich dabei positiv gegenüber der Anschaffung neuen Mobiliars: fünf von ihnen erwähnen potentielle Chancen von Sitzbällen (IPGoe2, IPJoh1, 3, 4+5), IPGoe1, IPGoe5 und IPJoh2 sehen neue Tische und Stühle als lohnenswert an. IPGoe1 führt dabei die Bedeutsamkeit von an die Körpergröße anpassbaren Mobiliars an, denn „man hat auch in der siebten Klasse schon Leute, die schon 1,80 groß sind und die passen dann nicht an die Tische." Der Gesundheitsaspekt findet sich ebenfalls bei IPGoe2 und IPJoh5 wieder, welche einen positiven Effekt für den Rücken erwarten. Sieben Kollegen können sich zudem eine Lockerung der Sitzsituation vorstellen (IPGoe1-5, IPJoh1+3). IPGoe4 merkt an, man müsse „nicht sitzen im Unterricht, aber man sollte da, wo man nicht sitzt, noch den Stoff weiter verfolgen können", IPJoh3 erläutert, dass es solange möglich sei, wie eine Störung der Mitschüler ausgeschlossen ist. Dies sei aber möglicherweise auch eine Sache der Gewöhnung und des Trainings, welche überdies von IPGoe1, IPGoe4, IPJoh1 und IPJoh4 angesprochen wird.

Die Befürchtung der Störung durch eine veränderte Sitzsituation äußern dennoch insgesamt sechs der Befragten (IPGoe1-3, IPJoh1, 3+5), wobei nicht nur die reine motorische Unruhe und die damit verbundene Ablenkung, sondern auch die Unfallgefahr genannt wird (IPGoe1+2). Letztere sieht vor allem im Chemieunterricht ein Risiko und verdeutlicht, dass „Sitzzwang" hier „gar nicht verkehrt" sei. IPGoe1, IPGoe4 und IPJoh1 sind der Meinung, dass das Sitzen vor allem an Arbeitsphasen wie das Schreiben oder Lesen gebunden sei, da hier konzentriertes Arbeiten eine solche Haltungsposition erfordere. Zwei Kollegen des Johanneum geben zu verstehen, dass in den kleinen Klassen oft gar nicht die Möglichkeit bestünde, eine Veränderung der Sitzsituation zu arrangieren oder alternatives Mobiliars bereitzustellen (IPJoh2+3). Zudem sei die Anschaffung neuen Inventars auch immer ein zusätzlicher Kostenpunkt (IPGoe1, IPJoh3+5).

### 4.3.4 Bewegungspausen

Wie beim „Bewegten Lernen" wenden auch im Hinblick auf Bewegungspausen einige Lehrkräfte bereits Bewegung in ihrem Unterricht an (siehe 4.4.1.). Insgesamt finden sich erneut positive Aussagen bei allen Interviewpartnern wieder. Begründet werden die empfundenen Chancen der Bewegungspausen vor allem mit der potentiellen Wiederherstellung von Konzentration (IPGoe1, 2+4, IPJoh1+3) und Motivation (IPGoe4, IPJoh2) und dem Entgegenwirken bei Unruhe (IPGoe1, IPJoh1, 3+4): „So kann man Tendenzen aus der Klasse aufgreifen, wenn die Schüler mal zu sehr abgelenkt sind, dass man da einen ‚cut' macht. Das ist ja auch sehr situativ" (IPGoe1). Dabei wird von sechs Lehrkräften vor allem die Chance in den Doppelstunden gesehen (IPGoe1, 2, 3+5, IPJoh3+4), nur IPGoe2 fügt hinzu: „(...) wenn man nur 45 Minuten hat, nach einer Erarbeitungsphase, wenn sowieso gerade wieder dieser Umbruch ist, von einer Gruppenarbeit in Einzelarbeit zurück oder in die normale Sitzordnung. Dass man das da einbaut, an solchen Gelenkstellen, die sich da anbieten." IPGoe1 betont, dass solche Bewegung ebenfalls angeleitet oder ritualisiert sein müsste, damit der Unterricht dadurch Nutzen trägt. Bezüglich des Alters gibt es unterschiedliche Meinungen: Während IPJoh3 „bei Kleinen (....) stärker als bei den Großen eine Doppelstunde unterbrechen" würde und sich die Aussagen von IPJoh1 ebenfalls auf jüngere Schüler beziehen, erwähnen IPGoe3 und IPGoe4, dass man Bewegungspausen auch in der Mittelstufe einsetzen könne. IPJoh2 und IPJoh5 können sich dies auch mit älteren Schülern noch vorstellen, „Das hängt doch auch immer damit zusammen, wie man das als Lehrer vermitteln kann" (IPJoh5).

Explizit werden nur wenige Bedenken gegenüber Bewegungspausen geäußert: So solle man Arbeitsphasen, in denen gerade konzentriert gearbeitet wird, nicht unterbrechen (IPGoe2), auch müsse beim Durchführen einer solchen Pause darauf geachtet werden, andere Klassen dabei nicht zu stören (IPJoh3+4). IPJoh2 betont, dass Bewegungspausen zwar Spaß machen sollen, es allerdings zu Kontraproduktivität führe, sollten die Schüler sich veralbert fühlen. Dies sei laut IPJoh1 eventuell bei älteren Schülern der Fall: „Da stelle ich mir die Motivation schwieriger vor." Zudem vertritt sie die Meinung, in den Einzelstunden seien Bewegungspausen nicht nötig. Interessanterweise wird ebenfalls nur einmal ausdrücklich erwähnt, dass fehlende Zeit gegen den Einsatz dieser Pausen spricht (IPJoh4). Die in 4.3.1. angebrachten Bedenken zum Gesamtkonzept implizieren allerdings teilweise, dass der Zeitfaktor auch bei Bewegungspausen eine Rolle spielt.

### 4.3.5 Schulleben: Schulhof-, Raum- und Pausengestaltung

Wie in 3.2. beschrieben, sind einige Ausführungen weniger generell auf alle Gymnasien, sondern eher spezifisch auf die jeweilige Schule beziehbar, an welcher der Interviewpartner unterrichtet. Dies trifft im Besonderen auf das Schulleben zu: während innerunterrichtlich viele Schulen ähnliche Ziele verfolgen, sind die Voraussetzungen beim Raum- und Materialangebot mitunter sehr verschieden.

Vier von fünf Kollegen des Goerdeler-Gymnasiums äußern grundlegend die Wichtigkeit des Angebots in den Pausen (IPGoe1, 2, 3+5). So sei die Voraussetzung des großen Schulhofs gegeben, dieser biete ausreichend Platz für zusätzliche Anschaffungen wie kleine Fußballtore (IPGoe1) oder auch eine Gestaltung ähnlich der modernen Spielplätze (IPGoe5). Ein zusätzliches Angebot von ausleihbaren Spielgeräten wird von IPGoe1, IPGoe2 und IPGoe3 befürwortet, laut IPGoe1 würden solche Dinge bisher hauptsächlich von den Schülern selbst mitgebracht. An seiner Ausbildungsschule habe in den Pausen immer ein Sportlehrer Materialien herausgegeben und Aufsicht geführt. Diesen Gedankengang führt IPGoe3 weiter: „Ich würde mir sehr wünschen, wenn wir noch häufiger geschultes Personal in den Mittagspausen hätten, dass vielleicht da auch Bewegungsangebote möglich sind." Es wird zudem betont, dass das Angebot dann breit gefächert sein müsse: So sei dies wichtig, um mehr Schüler sozial integrieren zu können (IPGoe3) und zudem mehr Mädchen zur Bewegung zu motivieren, denn es seien „oftmals die Mädchen, die in der Pause kein Sport treiben" (IPGoe1). Auf der anderen Seite unterstreichen drei der Interviewpartner des Goerdeler-Gymnasiums auch die Notwendigkeit, den Schülern Raum für Entspannung zu bieten. IPGoe3 erwähnt dabei den „Raum der Stille", welcher erfolgreich für den Religionsbereich eingesetzt werde. IPGoe2 schlägt vor, diesen Raum auch außerhalb des Unterrichts zur Verfügung zu stellen. IPGoe1 kann sich des Weiteren vorstellen, auf dem Schulhof einen Bereich einzurichten, in welchem Erholung und Ausruhen im Vordergrund steht, oder eventuell einen zusätzlichen Raum hierfür einzurichten. Hier könnten auch Übungen zur Entspannung von Kollegen angeleitet werden.

Diese Idee der Anleitung von Entspannungsübungen oder Spielsituationen wird am Goerdeler-Gymnasium allerdings durch zwei Faktoren eingeschränkt: zum einen bestünde ein Aufsichtsproblem, denn es müsste sich überhaupt jemand bereiterklären, Aufsicht zu führen (IPGoe1+2) und in Bezug auf den häufig geforderten Sicherheitsaspekt könne diese Person auch nicht verhindern, dass es zu Unfällen komme (IPGoe3+5). Dieser führe auch dazu, dass die Kletterwand in den Pausen gar nicht genutzt werden darf und die Klassen in den Pausen abgeschlossen werden. Zum anderen sei zwar der Schulhof groß, aber die sonstige Raumsituation schlichtweg zu beengt für die Schaffung von Angeboten (IPGoe1+2). Allgemein gibt es solche Konzepte in den Pausen noch gar nicht, sodass Bewegung nur informell stattfände, so IPGoe1. Allerdings würde selbst dies beschränkt, denn das Material- und Geräteangebot sei eher dürftig: „Hier steht ja auch zum Beispiel ein Basketballkorb, aber es gibt keinen Basketball. Tore haben wir nicht" (IPGoe1); „Die Schüler würden sicherlich sehr gerne Basketball spielen, Waveboards fahren, an einem Klettergerüst auch in der 8. Klasse noch klettern, aber es gibt eben diese Gelegenheiten nicht" (IPGoe3). Bälle und andere Materialien würden daher von Schülern selbst mitgebracht. Dass es wenige Möglichkeiten gebe, in diese Richtung zu handeln, läge vor allem am Mangel finanzieller Mittel (IPGoe1, 2+5), wobei IPGoe1 und IPGoe2 betonen, dass vorhandenes Geld wohl auch eher in andere Bereiche gesteckt würde, als in die Förderung eines Bewegungskonzepts.

Auch der Schulhof des Johanneum bietet bezogen auf den Platz genügend Optionen. Zudem werden an dieser Schule mehr Möglichkeiten geschaffen, sich außerhalb des Unterrichts zu bewegen: so sei das neue Kleinfeld bei gutem Wetter nutzbar (IPJoh2+3), eine Materialausgabe sorgt dafür, dass den Spielwünschen der Schüler entgegengekommen wird. Auch Bewegungsangebote seien in der Mittagspause vorstellbar (IPJoh5), zuweilen werden diese bereits in den Pausen und nach dem Unterricht gemacht und von der Schülervertretung angeleitet (IPJoh4). Offenheit gegenüber einer weiteren Gestaltung des Schulgeländes, auch damit „vor allem die Jüngeren Bewegung haben" (IPJoh3), wird von drei Kollegen ausgedrückt (IPJoh1, 3+4). Geeigneten Raum für Entspannung bietet das Johanneum momentan vor allem im Selbstlernzentrum (IPJoh2+3) und durch die Anschaffung einer alten Ledergarnitur, welche „unheimlich gut wahrgenommen" werde (IPJoh2). Letzterer beschreibt als einziger Interviewpartner auch die Chancen der Klassenraumgestaltung: so versuche er, einzelne Räume mit den

Schulklassen zusammen durch Pflanzen und Poster zu verschönern, wodurch sich die Heranwachsenden wohler fühlen sollen. Noch besser wäre seiner Meinung nach aber ein Abkommen vom Klassenraum- hin zum Lehrerraumprinzip: so läge es alleine in seiner Verantwortung, den Raum zu gestalten. Die Schüler hingegen würden ihre Klassen häufig vernachlässigen.

Die bereits von den Kollegen des Goerdeler-Gymnasiums angesprochene Raumnot wird auch von allen Lehrkräften des Johanneum erwähnt. Aufgrund der steigenden Schülerzahl mussten mit dem „Blauen Zimmer" und dem Bungalow sogar zwei Aufenthaltsmöglichkeiten einer Oberstufenbibliothek und neuen Klassenräumen weichen (IPJoh5). Neue Gelegenheiten, vor allem jene zur Erholung, seien somit gar nicht möglich einzurichten (IpJoh2). Auch eine Umgestaltung der Klassenräume unter Berücksichtigung altersgemäßer Spielgeräte gestalte sich dadurch schwierig (IPJoh1), zumal auch den Schülern des Johanneums der Zugang zu den Klassenräumen außerhalb der Stunden verwehrt bleibt (IPJoh2+4). IPJoh2, IPJoh3 und IPJoh5 erwähnen ferner den Aspekt der Finanzierung von Geräten oder der Gestaltung des Schulgeländes, außerdem „müsste ja auch die Elternschaft einbezogen werden und dann müsste man die mehrheitlich davon überzeugen" (IPJoh5). Es fehle das Wissen um die Chancen solcher Angebote und es gebe auch keine Initiative, welche sich dafür einsetzen könnte. Laut IPJoh2 bestehe aufgrund des offenen Schulgeländes „auch immer das Risiko, dass das kaputtgemacht wird oder zugemüllt."

### 4.3.6 Kooperation mit Vereinen

80% der interviewten Lehrkräfte sehen im Bereich der Kooperation mit Vereinen positive Effekte (IPGoe1, 2, 3+5, IPJoh1, 2, 3+5). Drei Befragte geben dabei an, dass nicht nur die Schule, sondern (auch im Hinblick auf die Einführung von Ganztagen) zudem der Verein profitieren könne, da dessen Angebote nach der Schule sonst weniger angenommen würden (IPGoe1+2, IPJoh3), IPGoe3s Aussage, die Schüler haben heute weniger Zeit, Vereine nach dem Unterricht anzusteuern, impliziert dies ebenfalls. Die Chance, sich Möglichkeiten der Bewegung außerhalb der Schule anzuschauen, wird explizit von drei Lehrern angesprochen (IPGoe1, IPJoh2, IPJoh5); so sei die Möglichkeit gegeben, „nicht nur den Sport in die Schule [zu] holen, sondern die Schüler zum

Sport" (IPGoe1). IPJoh1, IPJoh2, IPJoh3 und IPJoh5 betonen, dass man nicht nur Sportvereine mit Leistungsbezug einbinden dürfe, sondern beispielsweise auch Theaterfachleute und Tanzlehrer. Des Weiteren wird die Notwendigkeit, möglichst verschiedene Angebote zu schaffen, von IPJoh1 angemerkt, da man umso mehr Kinder anspreche, je mehr Angebote es gebe.

Trotz aller positiven Seiten könne sich laut IPJoh2 die Zusammenarbeit mit außerschulischen Kräften allerdings problematisch gestalten, da in den Kernarbeitszeiten weniger die Möglichkeit bestünde, die oft ehrenamtlich arbeitenden Übungsleiter an die Schulen zu bekommen. Zudem „sind viele Ehrenamtliche auch keine professionellen Kräfte, was dann wieder Probleme mit sich bringt. Viele sind gar nicht richtig geschult worden." IPGoe3 stellt infrage, dass sich Kooperationen in den Pausenzeiten lohnen, da ohnehin nur wenig Zeit zur Verfügung stünde. IPGoe1 merkt an, dass durch Kooperationen mit Vereinen oft nur solche Schüler angesprochen würden, welche ohnehin viel Sport treiben. Ein weiterer Einwand kommt von IPGoe5: dieser stellt zwar klar, dass er Kooperationen als sinnvoll erachtet, aber nur bei gleichzeitiger Entlastung in anderen Bereichen: „Dann würde ich das sofort machen, dann wäre ich auch gerne bereit, abends da hin zu kommen. Aber nicht ‚on top of it'. Man ist als Lehrer auch so ganz gut ausgelastet und das wird ja nicht weniger. Das ist in den letzten Jahren konstant mehr geworden."

### 4.3.7 Zwischenfazit

Ein sehr wichtiger Punkt bezüglich des Konzepts „Bewegte Schule" wird von IPGoe1 angesprochen: zwar könne er selbst in seinem Unterricht von einer vermehrten Bewegung profitieren, doch gebe es keine Nachhaltigkeit, wenn nicht alle Kollegen das Konzept gleichermaßen mittragen. Selbiges ist bei Thiel et al. (2009, S. 48ff), sowie Pühse (1995, S. 425) zu finden (siehe 2.3.1.1.). Hier spielt auch die Gewöhnung der Schüler an solche Angebote eine Rolle: wird Bewegung von mehreren Lehrern in den Unterricht implementiert, so kann die Akzeptanz gegenüber diesen körperlichen Aktivitäten erhöht werden. Eventuell ist es dadurch möglich, auch bei älteren Schülern verstärkt Bewegungsangebote zu schaffen. Für die Anwendung mit höheren Jahrgängen, welche von einigen befragten Lehrkräften skeptisch betrachtet wird, könnte die

Aussage von IPJoh5 gelten, dass eine Akzeptanz der Schüler auch mit der Vermittlung der Aktivitäten durch die Lehrperson verbunden ist. Die Ausführungen bezüglich des „Bewegten Lernens", auch in der Oberstufe und sogar über die Schule hinaus seien noch positive Effekte erkennbar, wenn kognitive Inhalte mit Bewegung verbunden werden, kann als Indiz dafür gewertet werden, dass sich ganzheitliches Lernen nicht allein auf die unteren Klassen beschränken lässt, sondern auch in den älteren Jahrgängen der Sekundarstufe I noch erfolgreich angewandt werden kann. Dennoch herrscht unter den Interviewpartnern Uneinigkeit darüber, mit welchen Klassen sich „Bewegtes Lernen" anbietet, darüber hinaus tätigen einige Lehrkräfte widersprüchliche Aussagen. Dies deutet auf einen Mangel an Aufklärung zum Thema hin, welcher eine Unwissenheit gegenüber Lernen in Bewegung begünstigt. Diese wird auch in den Aussagen zweier Lehrer mit Naturwissenschaften als Fach (IPGoe5, IPJoh4) deutlich, man könne hier schwerer einen Bewegungsbezug herstellen. Punkt 4.4.5. wird weitere Beispiele dafür liefern, dass vor allem fehlende Kenntnis zu Schwierigkeiten bei der Umsetzung des Konzepts führen kann.

Zum Thema der zunehmenden Unruhe durch die Bereitstellung von Sitzbällen scheint die Einschätzung einiger Lehrer, dass nach einer anfänglich „schwierigeren" Phase die Schüler solche Gelegenheiten als ganz normale Sitzmöglichkeiten wahrnehmen, die richtige zu sein. In den Untersuchungen durch Samaras, Schlicht & Volck (Regensburger Projektgruppe, 2001, S. 124ff; siehe 2.3.2.4.) konnte ebenjener Effekt nachgewiesen werden und des Weiteren wurden eigentlich unruhigere Schüler bei der Benutzung der Sitzbälle aufmerksamer im Unterricht. Alternatives Mobiliar kann daher auch an Gymnasien als Chance verstanden werden, gegebenenfalls sogar, um Schülern mit einer ADH-Störung (teilweise) eine Regulation ihres Bewegungsdranges zu ermöglichen – dies müssten allerdings weitere Studien belegen.

Die Möglichkeiten für das Schulleben gestalten sich an den Gymnasien, was die Schaffung zusätzlichen Raumes angeht, kompliziert: beide Schulen sind raumtechnisch an der Grenze ihrer Kapazitäten. Für ein weiteres Angebot in Richtung von Erholungspausen stellt sich dies als sehr problematisch heraus, denn weil überdies die Klassenräume außerhalb der Unterrichtsstunden geschlossen bleiben, haben die Schüler keine wirkliche Möglichkeit, sich zu diesem Zweck zurückzuziehen. Eine zusätzliche Aufsicht könnte hier Abhilfe schaffen – es lässt sich jedoch vermuten, dass die Lehrkräfte diesbezüglich tendenziell negativ eingestellt sind.

Dass die Gestaltung der Pausen wichtig ist, wird von nahezu allen Lehrkräften betont. Jedoch besteht hier gerade am Goerdeler-Gymnasium noch Nachholbedarf: es gibt keine Angebote in den Pausen, Material muss von den Schülern selbst mitgebracht werden, die vorhandene Kletterwand ist unangeleitet „tabu". Dabei bietet der Schulhof mit seiner Größe beste Voraussetzungen. Am Johanneum ist dies durch die Materialausleihe und die Restaurierung des kleinen Hartplatzes besser geregelt worden. Wie bedeutsam adäquate Angebote für die Schüler und schlussendlich für den Unterricht sein können, beschreibt IPGoe1:

> Viele Schüler machen ja auch ganz oft negative Erfahrungen. Und das endet ja in so einer Spirale, aber wenn sie zwischendurch einfach mal Gelegenheit haben, für 10 Minuten herauszukommen, vielleicht Selbstbewusstsein zu tanken, glücklich zu sein, dann gehen sie vielleicht anders wieder in den Unterricht rein, sind dem offener gegenüber und geben dem vielleicht eine neue Chance.

Eine weitere Möglichkeit, den Schülern Bewegungsangebote zu verschaffen, besteht darin, Kooperationen mit Vereinen einzugehen. Beide Schulen können auch auf diesem Gebiet noch viel verbessern: bis auf die Kooperation mit einer Tanzschule am Goerdeler-Gymnasium gibt es keine festen Verträge mit (Sport-) Vereinen; größtenteils werden die Vereine nach Bedarf konsultiert und dann auch ausschließlich von den Sportlehrern. Der Wert, welchen Kooperationen haben können, ist allerdings vielen Lehrern bewusst. Daher sind sicherlich Chancen gegeben, auch auf diesem Sektor noch zuzulegen, vor allem, weil viele Schüler noch keine Angebote für sich entdecken konnten oder nach der Schule oft wenig Zeit haben, Sport zu treiben. IPGoe3 unterstreicht, dass es besser sei, wenn „der Schüler, wenn er um 5 nach Hause kommt, sein Vereinsleben schon hinter sich hat. Das ist auch für die Familie wünschenswert, für die Schüler und für die Vereine langfristig wahrscheinlich auch."

## 4.4 BEWEGUNGSANGEBOTE DER LEHRKRÄFTE

Die im Folgenden dargestellten Bewegungsangebote beziehen sich auf die Facetten „Bewegtes Lernen" und Bewegungspausen. Wie bereits in 4.3.2. und 4.3.4. angemerkt, haben alle Lehrkräfte bereits versucht, Bewegung in ihrem Unterricht zu verankern oder tun dies immer noch. Im ersten Punkt wird beschrieben, wie sich *angewandte Bewegung im Unterricht* darstellt, aus welchen Gründen die Lehrer Angebote schaffen und welche Folgen die Bewegung für den Unterricht hatte. Nachfolgend wird erläutert, welche *Schwierigkeiten* sich für sie ergeben, Bewegung in den Unterricht zu implementieren.

### 4.4.1 Angewandte Bewegung im Unterricht

Den Aussagen der Lehrkräfte folgernd ergeben sich mehrere Möglichkeiten zum „Bewegten Lernen". Hier fällt vor allem auf, dass bis auf IPGoe2 alle Lehrer mit mindestens einer Sprache in der Fächerkombination die Chance artikulieren, in Rollenspielen und Darstellungen von theaterähnlichen Szenen Bewegung zu fordern und zu fördern (IPGoe1, 3, 4, 5, IPJoh1, 2, 5). IPJoh2 zufolge ginge aber „dann in dem Moment auch wieder Zeit vorüber, in der man etwas anderes machen kann". Eine weitere Möglichkeit sei, Vokabellernen mit körperlicher Aktivität zu verbinden: Worte können mit der passenden Bewegung kombiniert werden (IPGoe1, 3+5, IPJoh5), IPGoe1 und IPGoe3 erklären dies damit, dass die Einprägung der neu erlernten Vokabeln leichter fällt, wenn diese mit der Bewegung verknüpft werden. Zudem können Vokabelabfragen durch Spiele wie „Vokabelecken" (IPGoe3) oder durch das Zuwerfen eines Balles geschehen (IPGoe3, IPJoh5), Erstere praktiziert dies vor allem am Anfang der Stunde, „damit die Schüler ankommen können, eventuell sich abreagieren, rumhampeln, so als Warm-up". Das spielerische Element spielt bei diesen beiden Lehrkräften eine große Rolle und sie betonen, dass durch diese Abwechslung vom oft rein kognitiven Unterricht die Motivation der Schüler gesteigert werden kann: so seien laut IPGoe3 besonders bei jüngeren Schülern Vokabel- und Gestenspiele wie „Head and shoulders, knees and toes"[4] und „Simon says"[5] sehr beliebt. Sie mache aber auch in den Klassen 8 und 9 noch solche Spiele, „weil die das kennen und weil die das lustig finden und weil die selbstbewusst sind und die nehmen sich dann nicht zu ernst." IPGoe4 sieht solche Abwechslungsmöglichkeiten in unteren Klassen eher gegeben, biete diese aber auch bei älteren Schülern an. In der Mathematik könne man ähnlich der Laufdiktate aus den Sprachen auch Bewegung anbieten, so IPJoh3. Hier sei als positiver Effekt zu nennen, dass die Schüler „nach einer gewissen Zeit wieder konzentriert sind und es denen einfacher fällt, im Fachunterricht dabei zu bleiben, ohne im Grunde nur still sitzen zu müssen". IPJoh4 erläutert, dass sie mit ihren jüngeren Schülern im Biologieunterricht früher häufig in den Schulgarten gegangen sei, „Da ist Bewegung plus Inhalt zusammen". Im Chemieunterricht finde durch die Versuche ohnehin „Bewegtes Lernen" statt (IPGoe2). Dies träfe auch auf den Musikunterricht zu, wo vor allem Tanzen in den unteren Klassen sehr beliebt sei (IPGoe4). Ältere Schüler entwickelten hier allerdings eine Scheu, da sie befürchten, sich vor Mitschülern negativ darzustellen. Unterrichtsunabhängig könne man mit Schülern ab Klasse 9 noch Präsentationen, Blitzlichter und Basare „wo auf jeden Fall jeder seinen Platz verlässt" machen (IPGoe3).

Angebote in Richtung von Bewegungspausen werden auf verschiedene Arten von neun der zehn befragten Lehrkräfte gemacht (Ausnahme: IPGoe4): IPGoe2 und IPJoh1 unterbrechen den Unterricht in der 5. Klasse, stehen mit den Schülern zusammen auf und machen Lockerungsübungen. IPGoe2 nennt als Gründe die manchmal aufkommende Unruhe und die Schwierigkeit, den Spannungsbogen über 90 Minuten aufrecht zu erhalten. Daher unterbreche sie nach einer Arbeitsphase die Stunde für eine solche Pause: „da hatte ich das Gefühl, sie sind auf jeden Fall konzentrierter" und es sei „dann auch klarer, dass ein Teil abgeschlossen ist. Wir bewegen uns ganz kurz, hier ist jetzt eine Stunde vorbei". Die oben genannten Vokabelspiele werden von IPGoe3 nicht nur angeboten, um die kognitiven Inhalte zu vermitteln, sondern auch als Bewegungspause und „‚Stundenunterbrecher', damit die Schüler bei Unruhe sich auch mal wieder eine

---

[4] Spiel, bei welchem die Schüler Extremitäten berühren müssen, welche sie besingen. Im Verlaufe des Liedes gewinnt dieses immer weiter an Tempo, sodass dementsprechend immer schneller reagiert werden muss.
[5] Spiel, bei welchem ein Schüler die Rolle des „Simon" übernimmt. Er instruiert dabei Bewegungen und Aktionen, welche die Klasse dann ausführen muss, beginnend mit den Worten „Simon says…". Beginnt seine Instruktion nicht mit dieser Einleitung, so darf die Bewegung nicht ausgeführt werden.

Runde bewegen können". Ebenfalls könne man hier „Menschenmemory"[6] machen, es sei allerdings schwierig, die Klasse danach wieder ruhig zu bekommen, sodass der Unterricht leide. Daher habe sie sich angewöhnt, dieses Spiel als Belohnung für gute Mitarbeit am Ende der Stunde zu spielen. Des Weiteren werden folgende sportliche Übungen mit den Klassen durchgeführt: IPGoe5 hat die Klassen 7, 8 und 9 „zum Beispiel die Armbewegung des Tennisspielers und Golfspielers nachmachen [lassen] und dann die Bewegung beim Boxen oder Karate". Auch er habe festgestellt, dass die Schüler sich danach immer unruhig verhalten haben, „die hätten am liebsten weitergemacht". Er wende diese Form der Bewegung daher nicht mehr in seinem Unterricht an. IPJoh4 hat Yoga und „Übungen der Kraft (....) mit Energie wegdrücken" gemacht, welche bei den Schülern gut angekommen seien. Drei Lehrkräfte lassen bei aufkommenden Konzentrationsschwierigkeiten die Schüler draußen laufen (IPJoh2, 3+5). Während IPJoh3 dies nur auf die Klasse 5 bezieht, geschieht dies bei den anderen beiden altersunabhängig. IPJoh2 begründet das damit, dass „die Schüler wieder so ein bisschen das Gehirn freischaufeln können und dann wieder aufnahmefähiger sind", gibt allerdings zu verstehen, dass dies in der 9. Klasse manchmal weniger ernst genommen wird. IPJoh3 erläutert, dass man aufpassen muss, andere Klassen dabei nicht zu stören. Ansonsten sei es den Aussagen von vier Lehrern zufolge möglich, Entspannungspausen zu machen (IPGoe1, 3+5, IPJoh4), beispielsweise durch Traumreisen (IPGoe1: „Danach müssen die sich erst die Augen reiben, sind dann aber auch entspannt, das ist so meine Empfindung") oder das Benutzen einer Klangschale. Hier lässt IPJoh4 einen Schüler die Schale anschlagen, woraufhin die Klasse für eine Weile zur Ruhe kommen kann. Dies könne man auch am Anfang einer Stunde und als Alternative zum Morgengebet machen und würde von den Schülern gerne wahrgenommen.

---

[6] Spiel, bei welchem die Schüler die „Memory-Karten" darstellen. Dabei können sie im betreffenden Englischunterricht für Vokabeln oder Sachverhalte stehen. Zwei Schüler versuchen, wie beim Originalspiel, die zueinander passenden „Karten", bzw. Schüler zu finden.

## 4.4.2 Schwierigkeiten, Bewegung anzubieten

Trotz der im letzten Punkt erwähnten Bewegungsangebote wird in den Interviews deutlich, dass sich für jede befragte Lehrkraft mitunter Schwierigkeiten ergeben, den Schülern im Unterricht körperliche Aktivität zu ermöglichen. Hier sei als ein Hauptproblem zunächst erneut der Zeitfaktor genannt, welcher von acht Interviewpartnern als Hemmnis eines vermehrten Einsatzes von Bewegung genannt wird (siehe 4.3.1.). Auch spielt das bereits erwähnte Raumproblem eine Rolle: „Ich hab einen Raum, da passen eigentlich 28 Schüler rein und die sitzen da mit 29. Da passt kein Blatt mehr gegen die Wand. Da kann man nix bewegen. Da ist man froh, wenn man zu seinem Platz kommt" (IPGoe2). IPJoh4 fügt hinzu, dass Bewegung in solchen Fällen eher störend sei „Und sie bringt für den Unterricht nichts, obwohl ein guter Ansatz da ist."

IPGoe4 sieht in der Rückbetrachtung mancher Stunde auch, dass man selbst oft zu Methoden tendiert, „die Frontalunterricht und Stillsitzen erfordern. Weil die Schüler das einem nicht zeigen, dass man das nicht sollte." Gymnasialschüler seien oft schon daran gewöhnt, wenig Bewegung im eigentlichen Unterricht zu erfahren. Dem schließt sich IPGoe1 an: „viele kennen das aus der Grundschule noch, aber dann wird denen das hier so ein bisschen wieder aberzogen."

Dies hängt eventuell auch mit dem zweiten Hauptproblem zusammen, welches in Aussagen wie „ich muss gestehen, dass ich keine Konzepte kenne" (IPGoe3), „In der Mathematik wüsste ich nicht, wie ich einen abstrakten kognitiven Gegenstand mittels Bewegung vermitteln sollte" (IPGoe5) und „Da habe ich ehrlich wenig Hintergrundwissen" (IPJoh2) artikuliert wird: es fehlt den meisten Befragten schlicht an Wissen zu adäquaten Möglichkeiten, wie man Bewegung konkret im Klassenraum einsetzen kann. Diese Problemlage bringen ebenfalls acht von zehn Lehrern an (IPJoh1, 2, 3+5, IPGoe1-4). IPGoe3 und IPJoh2 denken, dass dies manchmal auch mit fehlender Kreativität zusammenhängt. IPGoe2 und IPGoe3 betonen, dass sie keine geeignete Literatur zur Handhabe des Themas kennen.

### 4.4.3 Zwischenfazit

Der letztgenannte Punkt der Unkenntnis zum Thema „Bewegte Schule" kommt nicht überraschend und auch nicht von ungefähr: Publikationen, welche sich explizit mit den Möglichkeiten an Gymnasien befassen, sind äußerst selten. IPGoe1 und IPGoe2 weisen daher darauf hin, dass es dringend nötig sei, geeignete Literatur zu veröffentlichen, damit Lehrkräfte überhaupt die Chance bekommen, ihren Angebotsfundus zu erweitern.

Dass die Notwendigkeit der Aufklärung besteht, zeigen Aussagen wie die von IPJoh2: er mache zwar Rollenspiele, dabei gehe allerdings Zeit für andere Aufgaben verloren. Vor dem Hintergrund des immer geballteren Unterrichtsstoffs mag dieser Einwand sicherlich seine Berechtigung haben; doch darf man nicht vergessen, dass sich durch die Handlungsorientierung Inhalte ganzheitlich erfahren lassen und dadurch möglicherweise ein größerer Lernzuwachs und zudem eine höhere Motivation seitens der Schüler erwirkt werden kann. Dieser Gedankengang wird durch IPJoh5 aufgegriffen: „Es geht ja ganz oft nicht nur um eine kognitive Rezeption, sondern auch um eine emotionale oder ganzheitliche, auch eine ästhetische. Ich finde es einfach dem Menschen angemessen, dass man auch die anderen Teile von ihm einbezieht."

Kritisch dem Konzept gegenüber ist im Gegensatz dazu allerdings zu sehen, dass mehrere Lehrkräfte auch negative Erfahrungen gemacht haben. IPGoe5 erklärt, dass in seinem Unterricht bei Bewegungspausen mehr Bewegung auch zu mehr Unruhe nach Beendigung der Bewegungsphase geführt habe und er aus diesem Grunde nun keine solchen Pausen mehr anbiete: „der Ertrag war leider nicht so, wie man sich das so vorgestellt hat." Die dabei verloren gegangene Zeit sei einfach bei der Fülle an Vorgaben sehr kostbar. Er betont aber, dass er sich die Durchführung einer Bewegungspause theoretisch vorstellen könne, wenn die Schüler in der Phase danach „wieder runterkommen." Eventuell trägt auch die bereits an anderer Stelle angesprochene Angewöhnung und Ritualisierung solcher Angebote dazu bei, dass die Heranwachsenden in der Zeit nach solchen Phasen wieder konzentriert arbeiten.

# 5 KONKLUSION UND AUSBLICK

Veränderte Freizeitgestaltung, bewegungsärmere Umgebung, Haltungsschäden der Heranwachsenden, immer längere Schultage, Lernschwierigkeiten, Unruhe im Klassenraum – es spricht viel für mehr Bewegungsangebote an Schulen. Das Gymnasium darf dabei nicht ausgeklammert werden. Ziel der vorliegenden Arbeit war es, aufzuzeigen, welches Potential sich für einen Einsatz des Konzepts „Bewegte Schule" in der Sekundarstufe I an dieser Schulform ergibt.

Dazu wurde zunächst im theoretischen Bezugsrahmen erörtert, aus welchen Gründen Bewegung in der Schule in der Vergangenheit angeboten wurde (vgl. Kap. 2.1) und welche Argumente dafür sprechen, körperliche Aktivität auch heute in den Unterricht und das Schulleben zu implementieren (vgl. Kap. 2.2). Die Merkmale „Bewegter Schule" (vgl. Kap. 2.3) liefern ferner Hinweise darauf, wo sich Möglichkeiten für eine Umsetzung an Gymnasien bieten. Kapitel 3 beinhaltet eine detaillierte Erläuterung des Vorgehens der vorliegenden Untersuchung (vgl. Kap. 3.1), sowie die spezifischen Voraussetzungen der Interview-Schulen (vgl. Kap. 3.2). Die Aus- und Bewertung der qualitativen Interviews in Kapitel 4 mit den Punkten Unterrichtsstörungen (vgl. Kap. 4.1), Empfindung der Bewegung im Klassenraum (vgl. Kap. 4.2), Einschätzungen zum Konzept (vgl. Kap. 4.3) und Bewegungsangebote der Lehrkräfte (vgl. Kap. 4.4) beschreibt die subjektiv empfundenen Chancen und Grenzen der „Bewegten Schule" an Gymnasien.

Ist Bewegung im Klassenraum sinngebunden, so wird sie von allen zehn Interviewpartnern befürwortet. Dies spiegelt sich nicht nur in den Aussagen zu Störungen im Klassenraum, sondern auch in den Einschätzungen zum Konzept an sich und im Besonderen in Ansichten zu den Teilelementen „Bewegtes Lernen" und Bewegungspausen wider. Des Weiteren weisen die Meinungen zu einer Ausgestaltung des Schullebens und den Kooperation mit Vereinen eine positive Tendenz auf. Nicht zuletzt bilden die Darlegungen zur gesteigerten Motivation, der aufrechterhaltenen und wiederhergestellten Konzentrationsfähigkeit, dem Entgegenwirken bei Unruhe und des, teilweise auch in diesen Aspekten begründeten, besseren Lernerfolgs die Hauptargumente der befragten Lehrkräfte für die von ihnen angebotene Bewegung. Da sich ebendiese Gesichtspunkte auch in der Fachliteratur wiederfinden, könnte man zu der Annahme gelangen, dass ein Einsatz des Konzeptes „Bewegte Schule" auch an Gymnasien Erfolge für das Lernen mit sich bringen würde.

Ganz so einfach gestalten sich Schlussfolgerungen jedoch nicht: zunächst muss betont werden, dass die Untersuchungen Interviews mit zehn Lehrern zweier Gymnasien betreffen. Das Ziel konnte es daher nicht sein, hierdurch repräsentative Ergebnisse und valide Erkenntnisse für die (Sport-) Pädagogik zu liefern, es wurde lediglich die Lehrersicht bezüglich spezifischer Möglichkeiten der beiden Schulen aufgezeigt. Darüber hinaus zeigt sich durch die teilweise negativen Erfahrungen, angebrachten Vorbehalte und berechtigten Einwände einiger Befragten, dass die Erarbeitung und Anbringung eines solchen Konzepts einer differenzierten Betrachtung bedarf: wie ist beispielsweise der Zeitaufwand zu bewerten? Ist Bewegungszeit „verlorene Zeit" oder gilt der gegenteilige Gedanke, dass durch gesteigerte Konzentration und Motivation mindestens genauso viel Unterrichtsstoff gelernt werden kann? Führen Bewegungsangebote in Form von „Bewegtem Lernen", Bewegungspausen und „Bewegtem Sitzen" zu mehr Unruhe oder beugen sie Unterrichtsstörungen vor? Brauchen ältere Schüler tatsächlich weniger Handlungsorientierung als jüngere und wie ist eine Gestaltung in den höheren Jahrgangsstufen möglich? Da die im theoretischen Teil angeführte Literatur auf solche Fragen ebenfalls nur partiell Aufschluss gibt, sind Vorschläge zu Umsetzungen und deren tatsächlicher Nutzen immer spekulativ.

Es lässt sich ableiten, dass vor allem der Mangel an Studien und Publikationen der vorhandenen Skepsis zuträglich ist. Gerade die Sichtweise der Lehrkräfte kommt in der Fachliteratur deutlich zu kurz. Weitere quantitative und qualitative Umfragen mit Lehrern könnten Hinweise darauf liefern, ob Bewegung aus ihrer Sicht positive Auswirkungen zeigt, sowie welche Gründe dagegen sprächen, körperliche Aktivität in das Schulleben und ihren Unterricht an Gymnasien einzubetten. Zudem ist eine breit angelegte Erprobung des Konzepts an diesen Schulen unabdingbar: im Falle positiver Erkenntnisse könnten diese eine höhere Akzeptanz der Unterrichtenden gegenüber dem Bewegungskonzept erwirken, indem sie aufzeigt, welche Facetten sich auf welche Art und Weise umsetzen lassen. Noch zeigen sich viele der befragten Lehrer wenig aufgeklärt bezüglich „Bewegter Schule" und unterstreichen, dass eine Hauptproblematik darin besteht, geeignete Formen der Bewegung zu finden.

Das aufgeführte Bedenken eines Lehrers, man dürfe nicht den Fehler machen, ein innovatives Grundschulkonzept genau so auch an Gymnasien durchführen zu wollen, unterstreicht, dass es nur unter Berücksichtigung der unterschiedlichen Voraussetzungen der Schulformen und der einzelnen Schulen denkbar ist, ein pädagogisches Konzept mit Erfolg in die Tat umzusetzen. Der Einbezug der Erfahrung der Kollegen ist dabei für eine Implementierung an Gymnasien unerlässlich. Eine Verwirklichung ist demnach nicht durch schlichtes Oktroyieren durch die Bildungspolitik möglich, sondern muss insbesondere motiviert durch die Lehrkräfte in die Schulen getragen werden. Ökonomisches Denken und Handeln spielen hier eine gewichtige Rolle, denn Aufwand und Ertrag bilden zwei nicht zu vernachlässigende Faktoren:

> *Mehr Bewegung in die Schule zu bringen, die Schule und schulisches Lernen als Einheit mit mehr Bewegung zu denken, das ist ein langer Weg für viele kleine Schritte. Wer Bewegung im Klassenraum, in den Fluren und im Außengelände fördern will, der muss dieses „mehr" auch „aushalten" wollen, er muss das, was zusätzlich entsteht, positiv begleiten – und dabei Augenmaß bewahren.*
>
> (Wiltrud Thies[7])

Somit ist nicht nur der zeitliche, sondern auch der emotionale Aufwand zu bedenken. Wenn Bewegung erst gar nicht gewünscht ist, wird sich „Bewegte Schule" nicht umsetzen lassen. Müller & Petzold (2006, S. 322) resümieren, dass auch in weiterführenden Schulen Bewegung notwendig, möglich und wirkungsvoll ist. Der Erfolg an Gymnasien ist dabei immer abhängig von den spezifischen Umständen: den Gegebenheiten der Schule, der Motivation der Schüler und Bereitschaft der Eltern, sich zu beteiligen - aber vor allem dem Ansporn der Lehrkräfte, etwas verändern zu *wollen*.

---

[7] In: Thies, 2007, S. 65

# 6 LITERATURVERZEICHNIS

AMBERGER, H. (Hrsg.) (2000): *Bewegte Schule*. Verlag Karl Hofmann, Schondorf.

ASCHEBROCK, H./ PACK, R.-P. (Hrsg.) (2008): *Bewegung, Spiel und Sport im Schulprogramm und Schulleben*. Meyer & Meyer Verlag, Aachen.

BAAKE, D: (1984): *Die 6- 12jährigen*. Beltz, Weinheim und Basel.

BALZ, E. (1992): Spiel- und Bewegungsräume in der Stadt. In: *Sportpädagogik* 16, H. 4, S. 22-27.

BALZ, E./ KÖSSLER, C./ NEUMANN, P. (2001): Bewegte Schule – ein Programm auf dem Prüfstand. In: *Spectrum der Sportwissenschaften* 13 H. 1, S. 41-53.

BECKER, A./ MICHEL, M./ LAGING, R. (Hrsg.) (2008): *Bewegt den ganzen Tag. Bewegungskonzepte in der ganztägigen Schule*. Schneider Verlag Hohengehren GmbH, Baltmannsweiler.

BEHNKEN, I. (Hrsg.): *Stadtgesellschaft und Kindheit im Prozess der Zivilisation*. Leske & Budrich, Opladen.

BOES, K./ OBST, F. (1997): Akzeptanz und Wirkung zusätzlicher Sportstunden in der Grundschule. In: *Leistung im Sport – Fitness im Leben*. dvs- Schriftenreihe Bd. 88, S. 146.

BREITHECKER, D. (1995): Haltungsentlastung und Gesundheitsvorsorge in einem „Bewegten Unterricht" – ein Projektbericht. In: *Sportunterricht* 44, H. 10, S. 153-157.

BREITHECKER, D. (1996): *Die Schule kommt in Bewegung: Haltungs- und Gesundheitsvorsorge in einem „bewegten Unterricht"*. Dissertation Universität Potsdam.

BRUNER, J. (1974): *Lernen, Motivation und Curriculum*. Fischer Athenäum, Frankfurt.

BRÜNDEL, H./ HURRELMANN, K. (1996): *Einführung in die Kindheitsforschung*. Beltz, Weinheim, Basel, Berlin.

BÜCHNER, P./ FUHS, B./ KRÜGER, H.-H. (Hrsg.) (1996): *Vom Teddybär zum ersten Kuß. Wege aus der Kindheit in Ost- und Westdeutschland. Studien zur Jugendforschung*, Bd. 16., Leske und Budrich, Opladen.

DAMMAN, B./ FINK, H. (2007): Die Heinrich-Reichel-Schule in Magdeburg – eine Schule öffnet sich. In: LAGING, R./ SCHILLACK, G. (Hrsg.): *Die Schule kommt in Bewegung. Konzepte und Untersuchungen zur Bewegten Schule mit praktischen Beispielen aus der Sekundarstufe I*, S. 174-182. 2. Aufl., Schneider Verlag Hohengehren GmbH, Baltmannsweiler.

DICKREITER, B. (1997): Bewegung und Gehirn. In: MÜLLER, C. (Hrsg.): *Symposium Bewegte Grundschule*. Konferenzbericht. Sportpädagogik. TU Dresden, Dresden.

DIENERT, M. (1995): Naturerfahrung auf den Schulhof bringen. In: *Sportpädagogik* 19, H. 6, S. 31-34.

DÜHLMEIER, B. (2004): *Und die Schule bewegt sich doch*. Klinkhardt, Bad Heilbrunn.

FLICK, U. (2009a): *Qualitative Sozialforschung*. 2. Aufl., Rowohlt, Reinbek.

FLICK, U. (2009b): Design und Prozess qualitativer Forschung. In: FLICK, U./ VON KARDOFF, E./ STEINKE, I. (Hrsg.): *Qualitative Forschung. Ein Handbuch*, S. 252-265. 7. Aufl., Rowohlt, Reinbek.

FLICK, U. (Hrsg.) (2006a): *Qualitative Evaluationsforschung. Konzepte, Methoden, Anwendungen*. Rowohlt, Reinbek.

FLICK, U. (2006b): Interviews in der qualitativen Evaluationsforschung. In: FLICK, U. (Hrsg.): *Qualitative Evaluationsforschung. Konzepte, Methoden, Anwendungen*, S. 214-232. Rowohlt, Reinbek.

FLICK, U./ VON KARDOFF, E./ STEINKE, I. (Hrsg.) (2009): *Qualitative Forschung. Ein Handbuch*. 7. Aufl., Rowohlt, Reinbeck.

FREI, P. (2005): Den Sachen auf den Grund gehen…Forschen mit der Grounded Theory. In: KUHLMANN, D./ BALZ, E. (Hrsg.): *Qualitative Forschungsansätze in der Sportpädagogik*, S. 53-67. Hofmann, Schondorf.

FREI, P./ REINARTZ, V. (2008): Auswertung qualitativer Daten entlang der Grounded Theory. In: MIETHLING, W.-D./ SCHIERZ, M. (Hrsg.): *Qualitative Forschungsmethoden in der Sportpädagogik*, S. 187-208. Hofmann, Schondorf.

FROHN, J./ GEBKEN, U. (2007): Bewegte Schule in der Sekundarstufe I. In: HILDEBRANDT-STRAMANN, R. (Hrsg.) (2007a): *Bewegte Schule - Schule bewegt gestalten*, S. 122-130. Schneider Verlag Hohengehren GmbH, Baltmannsweiler.

FUHS, B. (1996): Das außerschulische Kinderleben in Ost- und Westdeutschland. Vom kindlichen Spielen zur jugendlichen Freizeitgestaltung. In: BÜCHNER, P./ FUHS, B./ KRÜGER, H.-H. (Hrsg.): *Vom Teddybär zum ersten Kuß. Wege aus der Kindheit in Ost- und Westdeutschland. Studien zur Jugendforschung*, Bd. 16, S. 129-158. , Leske und Budrich, Opladen.

GAMP, C. I./ ILLI, U. (1995): Aktiv-dynamisches, bzw. bewegtes Sitzen. In: *Sportunterricht* 44, H. 10, S. 145-152.

GOERDELER-GYMNASIUM PADERBORN (1999): *Schulprogramm des Goerdeler-Gymnasiums Paderborn*. URL: https://steam.lspb.de/download/673229/ Schulprogramm%202011_Bearbeitet-Thomas%20ge%C3%A4ndert4.pdf. Letzter Aufruf: 04.04.2012.

GOERDELER-GYMNASIUM PADERBORN (2011): *Arbeitsgemeinschaften (AG) am Goerdeler-Gymnasium*. URL: https://steam.lspb.de/download/693277/ AGs2011_12_3.pdf. Letzter Aufruf: 04.04.2012.

GRÖSSING, S. (1998): Bewegung und Kindsein. In: ILLI, U./ BREITHECKER, D./ MUNDIGLER, S. (Hrsg.): *Bewegte Schule – Gesunde Schule. Aufsätze zur Theorie*, S. 159-162. Eigenverlag, Zürich, Wiesbaden, Graz.

GÜNZEL, W. (1997): Wahrnehmen und Bewegen. In: *Sicherheit im Schulsport* Heft 8, S. 5-73.

HAMMER, R. (2004): Familie in Bewegung. In: ZIMMER, R./ HUNGER, I. (Hrsg.): *Wahrnehmen – Bewegen – Lernen. Kindheit in Bewegung*, S. 148-152. Verlag Karl Hofman, Schondorf.

HEINY, N. (1997): Bewegung im Klassenraum. In: *Grundschulzeitschrift* 109, H. 11, S. 46-49.

HILDEBRANDT, R. (1996): Bewegungsraum Grundschule. In: *Sportunterricht* 45, S. 508-514.

HILDEBRANDT-STRAMANN, R. (1999): *Bewegte Schulkultur*. AFRA- Verlag, Butzbach-Griedel.

HILDEBRANDT-STRAMANN, R. (Hrsg.) (2007a): *Bewegte Schule - Schule bewegt gestalten*. Schneider Verlag Hohengehren GmbH, Baltmannsweiler.

HILDEBRANDT-STRAMANN, R. (2007b): Bewegte Schulkultur – Konzeptentwicklung. In: HILDEBRANDT-STRAMANN, R. (Hrsg.): *Bewegte Schule - Schule bewegt gestalten*, S. 2-46. Schneider Verlag Hohengehren GmbH, Baltmannsweiler.

HÖLTER, G. (2001): „Rastlosigkeit bei Kindern". Phänomen und Intervention aus pädagogisch-psychologischer Sicht. In: ZIMMER, R./ HUNGER, I. (Hrsg.): *Kindheit in Bewegung*, S. 34-43. Verlag Karl Hofmann, Schondorf.

HURRELMANN, K. (2004): Entwicklungs- und Gesundheitsprobleme von Kindern. Warum die Bewegungsförderung so wichtig ist. In: ZIMMER, R./ HUNGER, I. (Hrsg.) (2004): *Wahrnehmen – Bewegen – Lernen. Kindheit in Bewegung*, S. 19-31. Verlag Karl Hofman, Schondorf.

ILLI, U. (1991): *Sitzen als Belastung*. Verlag SVSS, Wäldli.

ILLI, U. (1995): Bewegte Schule. In: *Sportunterricht* 44, H. 10, S. 404-415.

ILLI, U./ BREITHECKER, D./ MUNDIGLER, S. (Hrsg.) (1998): *Bewegte Schule – Gesunde Schule. Aufsätze zur Theorie*. Eigenverlag, Zürich, Wiesbaden, Graz.

JOHANNEUM WADERSLOH (o. J. a): *Schulprogramm*. In: http://johanneum.de/index.php?id=4. Letzter Aufruf: 04.04.2012.

JOHANNEUM WADERSLOH (o. J. b): *Cursus Johanneum. Nachmittagsangebote.* In: http://johanneum.de/uploads/media/Cursus_Johanneum.doc. Letzter Aufruf: 04.04.2012.

KLUPSCH-SAHLMANN, R. (1995): Bewegte Schule. In: *Sportpädagogik* 19, H. 6, S. 14-22.

KLUPSCH-SAHLMANN, R. (1999a): Mehr Bewegung in die Schule- grundlegende Gedanken zur pädagogischen Konzeption. In: KLUPSCH-SAHLMANN, R. (Hrsg.): *Mehr Bewegung in der Grundschule*, S. 7-24. Cornelsen Lernhilfen, Berlin.

KLUPSCH-SAHLMANN, R. (Hrsg.) (1999b): *Mehr Bewegung in der Grundschule*. Cornelsen Lernhilfen, Berlin.

KLUPSCH-SAHLMANN, R. (2001): Sich für Bewegung Zeit nehmen. In: LANDESINSTITUT FÜR SCHULE UND WEITERBILDUNG NORDRHEIN-WESTFALEN: *Bewegung, Spiel und Sport in der Grundschule*, S. 75-79. Friedrich Verlag, Seelze.

KOTTMANN, L./ KÜPPER, D./ PACK, R.-P. (2005): *Bewegungsfreudige Schule. Schulentwicklung bewegt gestalten – Grundlagen, Anregungen, Hilfen.* Verlag Bertelsmann Stiftung, Gütersloh.

KRETSCHMER, J./ GIEWALD, C. (2001): Können Kinder wirklich nicht mehr rückwärts laufen? In: ZIMMER, R./ HUNGER, I. (Hrsg.): *Kindheit in Bewegung*, S. 44-55. Verlag Karl Hofmann, Schondorf.

KRIEGER, C. (2008): Leitfaden-Interviews. In: MIETHLING, W.-D./ SCHIERZ, M. (Hrsg.): *Qualitative Forschungsmethoden in der Sportpädagogik*, S. 45-63. Hofmann, Schondorf.

KUHLMANN, D./ BALZ, E. (Hrsg.) (2005): *Qualitative Forschungsansätze in der Sportpädagogik*. Hofmann, Schondorf.

LAGING, R. (1997): Schulsport als bewegte Subkultur. In: *Sportpädagogik* 22, H. 1, S. 62-65.

LAGING, R. (2006): *Warum macht „Bewegte Schule" Sinn? Hintergründe und Entwicklungen der Bewegten Schule. Vortrag zur bundesweiten Tagung „Was bewegt die Bewegte Schule?"* am 29./30. Mai 2006 in Hannover. URL: http://www.uni-marburg.de/fb21/ifsm/ganztagsschule/vortraege/ sinnbewegteschule. Letzter Aufruf: 04.04.2012.

LAGING, R. (2007a): Die Bausteine einer Bewegten Schule. In: LAGING, R./ SCHILLACK, G. (Hrsg.): *Die Schule kommt in Bewegung. Konzepte und Untersuchungen zur Bewegten Schule mit praktischen Beispielen aus der Sekundarstufe I*, S. 143-164. 2. Aufl., Schneider Verlag Hohengehren GmbH, Baltmannsweiler.

LAGING, R. (2007b): Bewegte Schulen – auch ein Konzept für die weiterführende Schule?! Eine Auswertung zum Modellversuch in Sachsen-Anhalt. In: LAGING, R./ SCHILLACK, G. (Hrsg.): *Die Schule kommt in Bewegung. Konzepte und Untersuchungen zur Bewegten Schule mit praktischen Beispielen aus der Sekundarstufe I*, S. 238-246. 2. Aufl., Schneider Verlag Hohengehren GmbH, Baltmannsweiler.

LAGING, R./ SCHILLACK, G. (Hrsg.) (2007): *Die Schule kommt in Bewegung. Konzepte und Untersuchungen zur Bewegten Schule mit praktischen Beispielen aus der Sekundarstufe I*. 2. Aufl., Schneider Verlag Hohengehren GmbH, Baltmannsweiler.

LANDESINSTITUT FÜR SCHULE UND WEITERBILDUNG NORDRHEIN-WESTFALEN (2001): *Bewegung, Spiel und Sport in der Grundschule*. Friedrich Verlag, Seelze.

LEHRL, S./ FISCHER, B. (1994): *Gehirn-Jogging: Selber denken macht fit*. 4. Aufl. Vless-Verl, Ebersberg.

MAYRING, P. (2002): *Einführung in die qualitative Sozialforschung*. Beltz, Weinheim und Basel.

MIETHLING, W.-D./ SCHIERZ, M. (Hrsg.) (2008): *Qualitative Forschungsmethoden in der Sportpädagogik*. Hofmann, Schondorf.

MÜLLER, C. (1999): *Bewegte Grundschule – Aspekte einer Didaktik der Bewegungserziehung als umfassende Aufgabe der Grundschule.* Academia, Sankt Augustin.

MÜLLER, C./ OBIER, M. (2004): Bewegtes Lernen – nur etwas für die Kleinen? In: ZIMMER, R./ HUNGER, I. (Hrsg.): *Wahrnehmen – Bewegen – Lernen. Kindheit in Bewegung*, S. 102-106. Verlag Karl Hofman, Schondorf.

MÜLLER, C./ PETZOLD, R. (2002): *Längsschnittstudie bewegte Grundschule.* Academia, Sankt Augustin.

MÜLLER, C./ PETZOLD, R. (2006): *Bewegte Schule. Aspekte einer Bewegungserziehung in den Klassen 5 bis 10/12.* Academia, Sankt Augustin.

MÜLLER, C./ SCHLÖFFEL, R. (2004): *Bewegtes Lernen in modernen Fremdsprachen – dargestellt am Beispiel des Faches Englisch. Klassen 5 bis 10/12.* Academia, Sankt Augustin.

MÜLLER, C./ VOLKMER, M. (1996): Entwicklung eines pädagogischen Konzepts „Bewegte (Grund-)Schule". In: SCHMIDT, W. (Hrsg.): *Kindheit und Sport – gestern und heute*, S. 119-128. Feldhaus, Hamburg.

MÜLLER, G./ THIEL, H. (2007): Die Ganztagsschule Johannes-Gutenberg in Wolmirstedt kommt noch mehr in Bewegung. In: LAGING, R./ SCHILLACK, G. (Hrsg.): *Die Schule kommt in Bewegung. Konzepte und Untersuchungen zur Bewegten Schule mit praktischen Beispielen aus der Sekundarstufe I*, S. 183-188. 2. Aufl., Schneider Verlag Hohengehren GmbH, Baltmannsweiler.

NEUMANN, P. (2007): „Wir sitzen immer nur steif wie ein Besenstiel und machen nie Pause"- oder: Was bleibt vom Konzept der Bewegten Schule in der Praxis übrig? Ergebnisse aus einer Studie in Bayern. In: LAGING, R./ SCHILLACK, G. (Hrsg.): *Die Schule kommt in Bewegung. Konzepte und Untersuchungen zur Bewegten Schule mit praktischen Beispielen aus der Sekundarstufe I*, S. 204-216. 2. Aufl., Schneider Verlag Hohengehren GmbH, Baltmannsweiler.

OPPOLZER, U. (2010): *Bewegte Schüler lernen leichter. Ein Bewegungskonzept für die Primarstufe, Sekundarstufe I und II.* Borgmann, Dortmund.

PETILLON, H./ LAUX, H. (2002): Soziale Beziehungen zwischen Grundschulkindern – empirische Befunde zu einem wichtigen Thema des Sachunterrichtes. In: SPRECKELSEN, K./ MÖLLER, K./ HARTINGER, A. (Hrsg.): *Ansätze und Methoden empirischer Forschung im Sachunterricht*, S. 185-204. Klinkhardt, Bad Heilbrunn.

PILZ, G. (2002): *"Bewegte Schule" – eine Möglichkeit, Aggressionen abzubauen und Gewalt vorzubeugen.* URL: https://www.familienhandbuch.de/schule/ allgemeines-schule/bewegte-schule-eine-moglichkeit-aggressionen-abzubauen-und-gewalt-vorzubeugen. Letzter Aufruf: 04.04.2012.

PÜHSE, U. (1995): Bewegte Schule – eine bewegungspädagogische Perspektive. In: *Sportunterricht* 44, H. 10, S. 416-427.

REGENSBURGER PROJEKTGRUPPE (2001): *Bewegte Schule – Anspruch und Wirklichkeit. Grundlagen, Untersuchungen, Empfehlungen.* Verlag Karl Hofmann, Schondorf.

SCHMIDT, W. (Hrsg.) (1996): *Kindheit und Sport – gestern und heute.* Feldhaus, Hamburg.

SEICHERT, N. (2000): Sitz still!? – Aktiv-dynamisches Sitzen in der Schule. In: AMBERGER, H. (Hrsg.): *Bewegte Schule. Schulkinder in Bewegung*, S. 91-96. Verlag Karl Hofmann, Schondorf.

SPRECKELSEN, K./ MÖLLER, K./ HARTINGER, A. (Hrsg.) (2002): *Ansätze und Methoden empirischer Forschung im Sachunterricht*, S. 185-204. Klinkhardt, Bad Heilbrunn.

STIBBE, G./ STARIHA, D. (2007): Historische Formen der Bewegten Schule. In: HILDEBRAND-STRAMANN, R. (Hrsg.): *Bewegte Schule - Schule bewegt gestalten*, S. 48-61. Schneider Verlag Hohengehren GmbH, Baltmannsweiler.

THIEL, A./ TEUBERT, H./ KLEINDIENST-CACHAY, C. (2009): *Die „Bewegte Schule" auf dem Weg in die Praxis.* 3. Auflage. Schneider Verlag Hohengehren GmbH, Baltmannsweiler.

THIES, W. (2007): Bewegte Schule und Schulreform. In: LAGING, R./ SCHILLACK, G. (Hrsg.): *Die Schule kommt in Bewegung. Konzepte und Untersuchungen zur Bewegten Schule mit praktischen Beispielen aus der Sekundarstufe I*, S. 55-67. 2. Aufl., Schneider Verlag Hohengehren GmbH, Baltmannsweiler.

ULLRICH, C. G. (1999): Deutungsmusteranalyse und diskursives Interview. In: *Zeitschrift für Soziologie*, 28, S. 429-447.

VON KARDOFF, E. (2009): Qualitative Evaluationsforschung. In: FLICK, U./ VON KARDOFF, E./ STEINKE, I. (Hrsg.): *Qualitative Forschung. Ein Handbuch*, S. 238-250. 7. Aufl., Rowohlt Taschenbuch Verlag, Reinbeck bei Hamburg.

WEITZER, K. (2000): Haltung und Haltungsschulung: Ein theoretisches Modell und seine Bedeutung für die Praxis. In: AMBERGER, H. (Hrsg.): *Bewegte Schule*, S. 36-49. Verlag Karl Hofmann, Schondorf.

WUPPERTALER ARBEITSGRUPPE (2008): *Bewegung, Spiel und Sport im Schulprogramm und im Schulleben*. Meyer & Meyer Verlag, Aachen.

ZIMMER, R./ HUNGER, I. (Hrsg.) (2001): *Kindheit in Bewegung*. Verlag Karl Hofmann, Schondorf.

ZIMMER, R./ HUNGER, I. (Hrsg.) (2004): *Wahrnehmen – Bewegen – Lernen. Kindheit in Bewegung*. Verlag Karl Hofman, Schondorf.

ZINNEKER, J. (1990): Vom Straßenkind zum verhäuslichten Kind. Kindheitsgeschichte im Prozess der Zivilisation. In: BEHNKEN, I. (Hrsg.): *Stadtgesellschaft und Kindheit im Prozess der Zivilisation*, S. 142-162. Leske & Budrich, Opladen.

# 7 ANHANG

## 7.1 LEITFADEN[8]

1. Viele Lehrkräfte monieren die fehlende innerunterrichtliche Disziplin von Schülern. Oft wird zudem betont, ihr Verhalten hätte sich verschlechtert und somit auch die Verhältnisse. Wie reagieren Sie auf sich häufende Störungen, Unkonzentriertheit und Unruhe im Unterricht: mit welchen Interventionsmaßnahmen steuern Sie dagegen? Wie sehen bei Ihnen Präventionsmaßnahmen aus?

2. Oft kommt die Unruhe der Schüler in ihrer Motorik zum Tragen: viele kippeln mit dem Stuhl oder hantieren mit Stift und Lineal, einige hält es kaum auf ihrem Sitzplatz. Fühlen Sie sich durch Bewegung im Klassenraum gestört? Welche Art von Bewegung ist für Sie akzeptabel und wo beginnt die Störung?

3. Bei vielen Lehrern, aber auch Eltern und sogar Schülern herrscht das Bild vor, „Sitzdisziplin" gehöre zur Schule dazu. Es gibt aber auch gegensätzliche Ideen, wie zum Beispiel das Konzept der „Bewegten Schule", welche Bewegung in den Unterrichtsfächern und im Schulalltag zum Prinzip des Lernens und des Lebens macht. Was halten Sie vom Konzept der „Bewegten Schule" und wo sehen Sie Vor- und Nachteile?

4. Das Konzept hat erst in wenigen Fällen Einzug in Gymnasien gehalten, zudem existiert kaum Literatur zu expliziten Möglichkeiten an dieser Schulform. Glauben Sie, dass an Gymnasien eine vermehrte Implementierung von Bewegung in den Unterricht, sowie in das Schulleben möglich ist? Begründen Sie!

---

[8] Das Anhängen des bereits in Kap. 3.1.2 vorgestellten Leitfadens geschieht aus dem Grund der verbesserten Übersicht, da sich hier die Transkripte direkt anschließen.

5. Haben Sie schon einmal versucht, Bewegung in ihrem Unterricht in den Klassen 5 bis 10 einzusetzen oder wenden Sie sogar aktuell Facetten des Konzepts an?

   <u>Wenn ja</u>: Aus welchem Grund? Wie hat sich dies ausgewirkt? Gab es positive/ negative Folgen?

   <u>Wenn nein</u>: Was sprach für Sie bisher dagegen, Bewegung im Unterricht einzusetzen?

   (In den Stunden, in denen Sie keine Bewegung mit in den Unterricht implementieren: was spricht in solchen Einheiten für Sie dagegen?)

6. Wie stehen Sie folgenden Ideen für die Sek I Ihrer Schulform generell und Ihrer Schule im Spezifischen gegenüber?

   a) Veränderte Sitzmöglichkeiten durch neues Mobiliar und eine Auflockerung des „Sitzzwanges" im Klassenraum

   b) Bewegungspausen im Unterricht

   c) Lernen durch und mit Bewegung: kognitive Inhalte mithilfe von Bewegung vermitteln

   d) Schulhofgestaltung mit neuen oder alternativen Geräten und Raum für Spiel und Entspannung

   e) Stärkere Öffnung der Schule nach außen; v.a. in Richtung der Sportvereine

## 7.2 INTERVIEW-TRANSKRIPTE

### 7.2.1 IPGoe1

1. Erst einmal kann ich das bestätigen, dass die Klassen unruhiger werden. Gerade jüngere Jahrgänge. Und ich kann mir auch erklären, dass das mit mangelnder Bewegung möglicherweise einhergeht. Interventionsmöglichkeiten...was ich versuche zu machen, wenn es lauter wird, dass ich erst einmal den Unterricht unterbreche, um Möglichkeiten zu geben, diese Störung in irgendeiner Art und Weise aufzuarbeiten, entweder, sie zu thematisieren, nachzufragen, woran das liegt, „ich finde, es ist gerade sehr laut", im Grunde auch Ich-Botschaften. Auch um herauszufinden, was jetzt der Grund ist, es kann ja alles Mögliche sein, man bekommt ja nicht alles mit. Es können Klassenarbeiten vorher gewesen sein, wo sie lange gezwungen waren, lange stillzusitzen. Oder sie kommen möglicherweise auch gerade aus dem Sportunterricht und haben halt noch diesen Bewegungsdrang, sind aufgekratzt. In erster Linie versuche ich das dann so aufzufangen, allerdings habe ich Bewegte Schule jetzt noch nicht durchgeführt. Ich habe es aber schon miterlebt bei einer Referendarin hier, die hat in meiner Klasse einmal unterrichtet und hat im Englischunterricht an bestimmten Punkten in der Stunde, gerade zu Beginn so Bewegungsspiele gemacht. „Pferderennen" hat sie gerade zu Stundenbeginn häufig gemacht, weil die Schüler gerade aufgekratzt waren...gerade zu Beginn ist das eigentlich immer so. Und das dauerte 2 Minuten und dann hatte sie die Aufmerksamkeit der Kids eigentlich fast die ganze Stunde. Ich habe mir das ein paarmal angeschaut und der Erfolg, den sie damit hatte in der sechsten Klasse – das muss man ja immer ein bisschen differenziert sehen – war schon relativ erfolgreich. Meine Interventionsmöglichkeiten sind im Moment mehr sprachlicher Natur. Als Klassenlehrer ist es natürlich so, dass wenn man nur noch ein Fach in der Klasse hat, bietet es sich zu Anfang der Stunde an, den Redebedarf der Schüler aufzunehmen, weil immer irgendein Problem aufkommt. Das sollte man am Anfang bündeln und sich 5-6 Äußerungen anhören. Dabei erinnere ich „Was ist wirklich wichtig? Was muss gesagt werden?" und danach legen wir mit der Stunde los. Das heißt, ich opfere zu Beginn vielleicht 2,3 Minuten, weil ich damit versuche zu unterbinden, dass die Gespräche dann untereinander stattfinden. So funktioniert das meistens – zumindest mache ich es so. Inter-

venierend...einzelne Störungen versuche ich meist gar nicht groß zu thematisieren, um die anderen nicht darauf aufmerksam zu machen. Manchmal reicht ein scharfer Blick, was natürlich auf die Schüler ankommt. Wenn es zu laut wird, höre ich manchmal einfach auf zu reden. Erstens ist es dann anstrengend, dagegen anzureden und zweitens dauert es zwar eine gewisse Zeit, vielleicht muss man auch mal eine Minute opfern, aber dann merken die „Oh, der Lehrer sagt gar nichts mehr" und dann wird es auch wieder still.

2. Das kommt auch darauf an, was in der Stunde passier. Es gibt Stunden, da ist Bewegung absolut gewollt, was Gruppenzusammensetzungen angeht zum Beispiel. Dann möchte ich, dass sie sich bewegen, möglicherweise auch Tische umstellen. Das lockert auch ein bisschen auf und die Schüler sind danach auch konzentrierter bei der Arbeit. Grundsätzlich möchte man als Sportler ja auch, dass Kinder sich bewegen, es bietet sich halt nur nicht immer an. Solange eine Störung nicht mich ablenkt...obwohl ich das eigentlich gar nicht so wichtig finde, mir ist wichtig, dass sie andere nicht ablenkt. Bei Stuhlkippeleien...wenn man das aus sportlicher Sicht betrachtet ist das ja auch ganz gut für das Balancegefühl und man müsste es ja unterstützen. Das kommt aber dann darauf an, wer das in dem Moment macht. Ich kenne die Schüler ja oft aus dem Sportunterricht und wenn Kinder diese koordinativen Fähigkeiten nicht haben, dann weise ich die auch darauf hin. Solange es nicht andere Schüler stört, dass Bewegung sich so äußert, dass andere sich umdrehen zum Beispiel, dann thematisiere ich das eigentlich nicht so. Wenn das Potential einer Störung vorliegt, interveniere ich. Ansonsten, Bewegung im Unterricht finde ich eigentlich ganz gut, aber das funktioniert auch nicht mit allen Klassen. Wenn alle Klassen methodisch so geschult wären und man sagt dann „Ihr kennt das Prozedere, wir machen das so und so", dann funktioniert das auch garantiert. Aber wenn die Kinder nicht von Anfang an darauf geschult werden...viele kennen das aus der Grundschule noch, aber dann wird denen das hier so ein bisschen wieder aberzogen. Weil, am Gymnasium muss es ja immer ein bisschen anders laufen. Wenn man so instrumentalisieren könnte, dass die alle wüssten, was sie jetzt zu tun haben. Ich sage mal, ein Methodenbewegungscurriculum ab Klasse 5, dann ist das eine gute Sache und dann stört das auch nicht, glaube ich.

3. Grundsätzlich halte ich „Bewegte Schule", wenn ich jetzt mal an Englisch denke, für eine ganz gute Sache. Denn da beschäftigen wir uns häufig auch mit Alltagsbeschäftigungen und das ist ja das, was wir den Kindern beibringen wollen. Und in den Büchern sind Sachen wie Rollenspiele auch verankert, wo man bestimmte Situationen mit Bewegung kombiniert. Sei es einfach nur eine nachgestellte Begrüßung, wo man ganzheitlicher lernt. Man geht auf jemanden zu, man hat eine bestimmte Gestik dabei. Und da halte ich das für ein Plus, weil man sich ja Dinge dadurch auch besser merken kann, weil man sie Situation mit bestimmten Vokabeln verknüpft. Oder beim Vokabellernen, dass man bestimmte Verben mit Bewegung kombiniert. Von daher finde ich das eine ganz gute Sache. Sitzdisziplin oder Sitzzwang existiert natürlich, aber der ist an bestimmte Arbeitsphasen gebunden. In Übungsphasen, einen Text schreiben, dann funktioniert das natürlich nur im Sitzen, weil die sich ja in gewisser Weise auch konzentrieren müssen. Ich denke, eine Kombination aus beidem, also man integriert Elemente der „Bewegten Schule" in den Schulalltag und schafft den Spagat mit Bewegung auf der einen Seite und Sitzdisziplin auf der anderen Seite, das wäre eine gute Sache. Ein Ziel der „Bewegten Schule" könnte ja auch sein, dass ich durch diese Bewegung den Drang nach Bewegung auslebe und dann wieder ein bisschen Beruhigung habe um dann konzentrierter arbeiten zu können. Kennt man von sich ja auch, wenn man sich sportlich betätigt hat, hat man danach wieder die Ruhe, sich eine gewisse Zeit einer Sache zu widmen. Und das sollte man sich tatsächlich zum Vorteil machen. Es ist gerade ein Konzept, finde ich, was so für die Unterstufe zutrifft – denke ich. Es ist spielerisch, denke ich. Bei älteren Jahrgängen, also 8 und 9 und sogar Oberstufe, da wird es ganz schwierig, so etwas zu implementieren. Weil die Schüler das möglicherweise auch nicht ernst nehmen. Aber das hängt, denke ich, ganz stark davon ab, wann das eingeführt wird. Wenn sie das von Anfang an gewohnt sind, stellen sie das vielleicht nicht infrage. (Du hast jetzt vermehrt von den Unterrichtsfächern gesprochen. Könntest du dir vorstellen, dass es weitere Möglichkeiten der Implementierung von Bewegung auch im Schulalltag gibt, beispielsweise in den Pausen?) Grundsätzlich schon. An meiner alten Schule war zum Beispiel in den Pausen die Sporthalle geöffnet und ein Kollege aus dem Sport hatte Aufsicht und hat Materialien herausgegeben. Die Kinder konnten dann Sport treiben, Basketball, Fußball, Völkerball und so weiter. Das ist eine gute Sache,

so kommen die Schüler aus der Pause wieder, haben sich abreagiert und können eventuell konzentrierter zur Sache gehen. (Wie läuft das am Goerdeler ab?) Hier spielen viele Schüler Fußball auf dem Schulhof, aber es gibt keine Angebote in der Form. (Werden Geräte herausgegeben?) Das sind Bälle, die die Schüler selbst mitbringen. Hier steht ja auch zum Beispiel ein Basketballkorb, aber es gibt keinen Basketball. Tore haben wir nicht. Die Kletterwand wird im Sommer schon häufiger benutzt, das ist alles ein bisschen Jahreszeitenabhängig. Material ist nur das Problem: es gibt diverse Gedanken, wie man so einen Schulhof gestalten könnte im Hinblick auf bewegte Pause, aber das Problem ist die Finanzierung. Es ist wenig Geld für sowas da. Wenn Geld da ist, wird es in Unterrichtsmaterial investiert, weil das eventuell wichtiger ist. Der Schulhof ist groß genug, deshalb wären zumindest kleine Tore wünschenswert. Kleine Tischtennisplatten haben wir hinten, die werden auch recht häufig für Rundlaufspiele genutzt. Es gibt gewisse AGs, die in der siebten Stunde laufen: Akrobatik und Fußball. Aber das spricht ja auch nicht alle Schüler an. Es gibt keine Konzepte, die die großen Pausen betreffen, das regeln Schüler eher unter sich. Und manchmal habe ich den Eindruck, dass Schüler die Pausen eher nutzen, um noch einmal in Bücher zu gucken, weil sie Angst vor einem Test haben oder so…also dass die gar keinen Sport treiben wollen, weil sie aufgrund dessen, was sie in der Schule bewältigen müssen, andere Prioritäten setzen. (Glaubst du, dass sich durch zusätzliche Programme vielleicht die Verhältnisse von unbewegter oder bewegter Pause verschieben würden?) Kommt auf die Angebote an. Es sind vor oftmals die Mädchen, die in der Pause kein Sport treiben. Wenn man Angebote für Mädchen schafft…da könnte man die Halle ja eventuell auch nutzen, wie auch immer diese Programme ausschauen mögen, vielleicht zu Musik bewegen. (Wäre im Gegensatz dazu die Möglichkeit für Entspannung am Goerdeler gegeben?) Wir haben so einen Rückzugsraum, der den Schülern in der Pause zur Verfügung steht. Ich weiß aber nicht, wie viel der genutzt wird. Solche Räume sollten schon existieren, aber die Raumsituation ist sowieso ein Problem, weil die Räume alle ausgelastet sind. In den Pausen werden die auch alle abgeschlossen, also Schüler sollen dann nicht in ihrem Klassenraum sein. Was ja auch nicht immer so wünschenswert ist, weil die sich ja auch auf sozialer Ebene miteinander beschäftigen sollen. Aber grundsätzlich hat ja auch nicht jeder das Bedürfnis, sich auszupowern, sondern einige brauchen genau das Gegenteil, sich möglicherweise von dem Stress, den sie im Unterricht erleben, auszuruhen. Man könnte so etwas im Sinne von Entspannungsübungen in einer Pause ja durchführen: man teilt den Schulhof ein oder nimmt sich eine bestimmte Ecke oder einen Raum wo dann echt Ruhe herrscht. Das müsste dann ein Kollege leiten, der sich damit auskennt. (Da müsste dann eben wieder eine Aufsicht dabei sein. Wäre das ein Nachteil?) Ich glaube, das ist sehr kollegenabhängig. Mir persönlich würde das nichts ausmachen, Aufsicht in der Halle zu führen, weil ich das ja sonst auch mache. Auch auf dem Schulhof nicht. Aber das engt den Kollegenkreis ein, weil man drei Aufsichten am Tag hat, aber nur ein bestimmtes Set an Sportlehrern. Die werden dann natürlich ein bisschen mehr belastet als andere. Das wäre ein logistisches Problem, was Personaleinsatz angeht.

4. Ich glaube schon, dass das möglich ist. (Du hattest es gesagt, wahrscheinlich in den jüngeren Klassen?) Ich sage mal so, je eher du das einführst, desto nachhaltiger ist es natürlich. Wenn ich erst in der 7 damit anfange, finden die das wahrscheinlich eher lächerlich und man wird das Konzept weiterhin nicht nutzen können. Wenn man in der 5 damit anfängt, die „Bewegte Schule" mit all seinen Facetten frühzeitig einzuführen, und das in allen fünften Klassen, wenn sich die Kollegen einig sind, dann könnte es funktionieren. Es funktioniert ja sicher auch nur in deinem eigenen Unterricht, aber wenn sich ab der sechsten Klasse die Stufen durch die Wahlfächer mischen, dann kennen es einige und andere nicht, könnte es schwierig werden. Es müsste zudem ja auch von den einzelnen Kollegen mitgetragen werden, denn es nützt ja nichts, wenn ich das in Englisch mache, aber in den anderen Fächern läuft es nicht…dann hat es keine Nachhaltigkeit. Dann hast du vielleicht als Lehrer auch eine exponierte Stellung, die aber nicht immer positiv sein muss. Dann wird eventuell gesagt „Englisch wird zur Spielstunde." Man muss es auch begründen und den Kindern schon im jungen Alter sagen, warum man das macht. Es ist aber dennoch schwierig an Gymnasien, weil viele Leute im Blick haben, dass ganz viel Stoff kommen muss. Es ist ja auch mehr und geballter Stoff, als an anderen Schulformen. Es ist immer der Aspekt der Zeit, der einem im Nacken sitzt. Und ich glaube, einige Kollegen haben vielleicht Bedenken, dass das zu viel Zeit kostet und man diese dann nicht mehr für den Stoff nutzen. Wobei man den anderen Ansatz sehen müsste,

vor dem Hintergrund der Unterrichtsstörungen: die Chancen die „Bewegte Schule" hat, Unterrichtsstörungen zu minimieren und wenn man das einfach mal gegenrechnet, glaube ich, wärst du für den Aufwand den du für „Bewegte Schule" betreibst, glaube ich, im Endeffekt damit weiter, weil du nur 2, 3, 5 Minuten dafür investieren musst, auf der anderen Seite aber eventuell 10 Minuten Störungen vermeidest. (Es gibt tatsächlich ein paar wenige Studien, welche genau diesen Punkt nachweisen. Im Endeffekt bekommt man den Unterrichtsstoff mindestens genauso schnell vermittelt.) Das wäre vielleicht die Sache, wenn diese Ergebnisse mehr publik gemacht würden, dass Gymnasien sich auch darauf berufen können und es dann zumindest probieren können. Man müsste noch mehr darüber hören. Ergebnisse müssten transparenter werden, gerade im schulischen Bereich. Wenn es um Konzepte geht, müsste es von weiter oben kommen, damit alle an einem Strang ziehen. Und das müsste auch fundiert sein, damit man sehen kann, dass es etwas bringt. Ich glaube schon, dass es Chancen hat und man viele Sachen, auch methodische, die Kinder aus der Grundschule schon kennen, sich zu Nutzen macht. Aber das wird denen hier manchmal hier wieder aberzogen, habe ich so den Eindruck. (Inwiefern?) Einfach „keine Zeit", sage ich jetzt mal. Es muss alles in bestimmten Unterrichtsformen laufen…sicher haben wir unsere Methoden, wie Gruppenarbeit. Aber trotzdem glaube ich, dass man, wenn man auf diesen Zug (Bewegte Schule) aufspringen will, die Grundschule einen schon vorbereitet und dass man dadurch auch schon ganz viel Zeit spart. Zum Beispiel, dass die immer nach vorne rennen…vor dem Hintergrund der „Bewegten Schule" ist das natürlich toll, aber wenn das 30 Kinder machen, dann wird es zum Problem. So etwas müsste dann wieder ritualisiert werden. Ich glaube schon, dass das Chancen hat, auch ganz vom Unterricht losgelöst. Es muss auch Einzug halten in die Pausen. Die Sache ist auch immer die: wenn es was Neues ist, wie sehr wird es angenommen? Vermehrt wird das von Jüngeren angenommen, ganz klar. Letztendlich muss da irgendwo ein Anfang gemacht werden.

5. Gemacht habe ich es schon mal, gerade so nach Klassenarbeiten. Die sind immer so ein Herd für Unruhe, du gibst eine Arbeit zurück und dann wollen alle wissen, was die anderen haben. Daher sage ich dann „Ihr habt 5 Minuten Zeit euch auszutauschen und ihr könnt dabei den Klassenraum nutzen und euch frei bewegen." Dann muss man aber nach 5 Minuten klar signalisieren, dass es vorbei ist. Das hat eigentlich immer ganz gut funktioniert. Jeder Versuch zu sagen „Packt eure Hefte weg!" funktioniert nicht, weil die natürlich aufgeregt sind und sich Luft machen wollen. Des Weiteren habe ich unter dem Aspekt der Entspannung auch schon Fantasiereisen gemacht. Es gibt im Englischbuch Units, wo ich ihnen erzähle, was sie alles so sehen…und da ist es auch wirklich mucksmäuschenstill und die kommen runter. Der Lehrer erzählt oder es wird von CD vorgespielt und die Schüler visualisieren das vor ihrem inneren Auge und entspannen. Das dauert dann auch meist knapp 10 Minuten. Danach müssen die sich erst die Augen reiben, sind dann aber auch entspannt, das ist so meine Empfindung. Das hängt aber vielleicht auch damit zusammen, dass sie diese Ruhepause im normalen Schulalltag nicht bekommen. „Das abschreiben, die Übung machen, zuhören, zur Tafel gucken, in Gruppen arbeiten"…diese Möglichkeit zur Entspannung haben die gar nicht. (Gab es dann auch mal negative Dinge, die damit einhergingen?) Ich sage jetzt mal, bei aller Bewegung muss diese immer noch angeleitet sein. „Wir machen jetzt einfach mal fünf Minuten Pause, reagiert euch mal ein bisschen ab", das funktioniert dann nicht…dann hat man sie so weit von der Leine gelassen, sie dann wieder einzufangen wird schwer. Wenn man ihnen klare Anweisungen macht, oder im Zuge einer Fantasiereise, dann klappt das. Man muss sie trotzdem eng führen. Ich glaube, dass „Bewegte Schule" immer so ein bisschen eine Gradwanderung ist, aber das hängt mit der Ritualisierung zusammen…wenn sie es gewohnt sind, läuft das. Das andere waren die Pausenaufsichten (im Ref). Da hat man gesehen, die Kinder haben daran Spaß gehabt. Selbst wenn der Unterricht nicht richtig lief, konnten sie in der Pause wieder zu sich finden und einfach mal an was anderen in dem Moment denken. Viele Schüler machen ja auch ganz oft negative Erfahrungen. Und das endet ja in so einer Spirale, aber wenn sie zwischendurch einfach mal Gelegenheit haben, für 10 Minuten herauszukommen, vielleicht Selbstbewusstsein zu tanken, glücklich zu

sein, dann gehen sie vielleicht anders wieder in den Unterricht rein, sind dem offener und geben dem vielleicht eine neue Chance.

6.
a) Neues Mobiliar kann ich nur unterschreiben. Es ist hier wenig individuell, man hat auch in der siebten Klasse auch Leute, die schon 1,80 groß sind und die passen dann nicht an die Tische. Es ist natürlich ein Kostenpunkt, man kann nicht für jeden individuelles Mobiliar anschaffen. Trotzdem wäre es wünschenswert. Bezüglich der Aufhebung oder Lockerung des Sitzzwanges wäre eine Veränderung der Tischkonstellation möglich. Zum Beispiel Gruppentische für vier Kinder, wie in der Grundschule. So könnte man auch besser Gruppenarbeiten machen, durch Verteilung der Aufgaben am Tisch. Auch können die Kinder dann die Gruppen wechseln, so sind sie gezwungen, aufzustehen…so eine Art Gruppenpuzzle, oder Stationslernen. Aber auch so etwas müsste jeder Lehrer machen, damit es funktioniert. Das bietet auch Möglichkeiten, Bewegung in den Unterricht zu bringen. Das Mobiliar müsste dabei zumindest auf die Kinder abgestimmt sein, es müsste auch bequem sein, manchmal sind die Stühle auch ganz schön hart. Die Lockerung vom Sitzzwang finde ich grundsätzlich gut, unter der Prämisse, dass man damit früh anfängt. Gebunden allerdings auch immer an bestimmte Aufgaben, nicht so laissez faire. Systeme wie die Laborschule in Bielefeld funktionieren ja auch offensichtlich, aber eben, weil die Schüler es von Anfang an kennengelernt haben. Aber es spricht überhaupt nichts dagegen, Arrangements zu schaffen, wo man sich bewegen kann. Bei Vokabelspielchen bietet es sich ja beispielsweise immer an. (Du hattest davon gesprochen, dass Texteschreiben nur im Sitzen geht.) Das stimmt vielleicht nicht ganz. Ich kenne auch Schulen, die Stehpulte dafür haben, oder Sitzbälle. Aber vielleicht hat man da auch den Aspekt der Spielerei…die Schüler sind ja auch hibbelig, der Stuhl hat ja eine gewisse Stabilität, aber von einem Sitzball herunterzurollen ist schon leicht. Man sagt ja, dieses Kippeln ist eigentlich wünschenswert, aber sobald einer fällt ist das Thema durch. Das lenkt ab oder es besteht Verletzungsgefahr. Und das ist ja nicht im Sinne des Erfinders, weil dadurch Unterrichtsstörungen möglicherweise ein bisschen mehr werden. Aber im Grunde ist alles, was den Körper bewegt, wie es so ein Ball ja nun man tut, ist natürlich wünschenswert. Und es beugt ja auch all dem

vor, was Kinder heutzutage alles nicht mehr so tun. Auf Bäume klettern tut ja keiner mehr...geht hier in der Stadt auch nicht so gut. Es sind andere Voraussetzungen und da muss man Arrangements schaffen, wo die Schüler dies erleben dürfen. Aber im schulischen Kontext ist es halt immer ein bisschen schwirig. Eine gewisse Art von Konzentration muss immer dabei sein und sobald da etwas daneben läuft, führt das zu weiteren Störungen. Ich denke nach wie vor, es muss früh anfangen, die Schüler müssen es von Anfang an kennen, dann hat das Ganze eine Chance. Die möglichen Sitz- oder Steharrangements müssten dann auch geschaffen werden, so eine Klasse müsste sich dann auch von seinem Aufbau komplett verändern.

b) Grundsätzlich bin ich nicht abgeneigt. Ich glaube schon, dass Bewegungspausen dazu genutzt werden können, um Konzentration wiederherzustellen. So kann man Tendenzen aus der Klasse aufgreifen, wenn die Schüler mal zu sehr abgelenkt sind, dass man da einen „cut" macht. Das ist ja auch sehr situativ. Es kann Momente geben, wo nichts anderes mehr funktioniert. (Das wäre wann?) Zum Beispiel direkt nach Arbeiten, nach einer Grammatikerarbeitung, wo sie sich konzentrieren mussten. Und bevor man dann in die Übungsphasen reingeht, kann man mal alles stehen lassen und eine Pause machen. An thematischen oder methodischen Schnittstellen, die es im Unterricht sowieso gibt oder entsprechenden thematischen Konzentrationsphasen. Vielleicht auch als eine Art Belohnung. Eigentlich ist das eine gute Sache und das nicht nur, wenn nichts anderes hilft. Eben nicht immer nur, wenn man sich nicht mehr zu helfen weiß. In den ersten beiden Stunden haben wir keine Pause dazwischen, das sind 90 Minuten am Stück und dass man das dann einfach dann, wo normalerweise ungefähr eine Pause wäre, macht. Man gibt den Schülern dann 5 Minuten, oder 7 oder 3, je nachdem wie die Klasse es gerade so benötigt und wie es der Konzentration zuträglich ist. Dieser Punkt kann auch an verschiedenen Stellen sein.

c) Man lernt ja nicht nur durch lesen, sondern letztendlich auch durch Bewegungshandeln. Diese Ganzheitlichkeit sollte man sich auch zu Nutze machen und sie ist eine große Chance. Große Chancen hat man dabei, glaube ich, in den jüngeren Jahrgängen. Ich frage mich immer, wie ernst das ältere Schüler nehmen, ob die das nicht eventuell ausnutzen. Bei Jüngeren sehe ich da kein Problem, und man macht es ja eigentlich schon, dass man durch bestimmte Gestiken etwas beibringt, durch Rollenspiele, indem man das nicht am Platz macht, sondern in Bewegung. Ich glaube schon, dass dadurch Bewegung im weiteren Sinne zum Lerneffekt beiträgt. Ich glaube, dass das in allen Fächern möglich ist. So hat man Bewegung, das Bild, man hat Text, dann ist es vielleicht noch ein bisschen deutlicher. Im Sinne von „Nicht nur den Film zeigen, sondern den Film letztendlich selber drehen". Ich glaube, dass das dann gut hängenbleiben würde, wenn man die Schüler in die Bewegung mit einbezieht.

d) Siehe oben.

e) Ich halte das für eine sinnvolle Idee. Der Leichtathletik-Club hatte mich letztens angeschrieben, die kommen in die Schule und scouten dann die schnellsten Sprinter und da kann jeder mitmachen. So kann man ja auch Leute für den Vereinssport wieder gewinnen. Das ist ja ein Problem was wir haben, dass durch vermehrte „Beschulung" bis nachmittags 4 Uhr und dann haben sie möglicherweise danach noch Aufgaben zu tun, dass denen dann jegliche Möglichkeit genommen wird, am Vereinssport teilzunehmen. Ich finde es eigentlich eine traurige Entwicklung, dass viele sagen, sie müssten nachher noch so viel für die Schule tun, dass sie eben nicht zum Volleyballtraining gehen können. Da dürfen wir eigentlich nicht hin. Ich würde sagen „Um Gottes Willen, gib nicht deinen Sport auf! Dann mach lieber die halbe Stunde nach dem Training die Hausaufgaben, dann hast du den Kopf frei!" Aber da gibt es hier auch ganz andere Sichtweisen, wo gesagt wird, man muss mit dem Sport aufhören, sonst schafft man den schulischen Stoff nicht mehr. (Müsste sich dann nicht ein ganzes System ändern?) Ja, oder man muss dann auch sagen, „vielleicht muss ich nicht unbedingt Abitur machen, sondern eine andere Schulform ist auch was für mich". Aber dass dem Vereinssport die Ressourcen genommen werden darf nicht sein, deshalb ist es eine gute Möglichkeit, wenn Vereine in die Schule kommen. Aber auch wenn wir von der Schule zu Kreismeisterschaften gehen, sind da auch Trainer da, die dann die Gewinner ansprechen. Aber so werden oft ja auch diejenigen angesprochen, die ohnehin im Verein sind oder viel Sport treiben. Und bei den Tests hier setzen sich auch sicher die Sportler durch. Wenn wir jetzt aber über Volksgesundheit sprechen, wollen wir ja nicht nur den Spitzensportler. Wir wollen, dass der Sport an sich getrieben wird. Aber wenn man einen Verein hier hin bringt, wird das sofort mit Leistung assoziiert. In der Oberstufe hat man ja vermehrt Leute, die nicht im Sportverein sind. Und gerade im Grundkursbereich bietet es sich dann an, sich bestimmte Sachen anzuschauen. Ich bin mit meinen Kursen zum Indoor-Golf oder zur Golfakademie gefahren, zum Wasserski, Schlittschuhlaufen, Klettern, im Soccerjam. Alle außerschulischen Orte, die es so gibt. Also nicht nur den Sport in die Schule holen, sondern die Schüler zum Sport. Ich habe auch Fahrten gemacht, nach Spanien zum Mountainbiken oder Klettern. Man muss einfach Möglichkeiten eröffnen, so dass die Schüler nach der Schule wissen, wo kann ich hin, was hat mir Spaß gemacht. Ich finde, dass Schule sich dem Sport generell öffnen muss.

(Wenn du jetzt hier raus gehst, was spricht für dich dagegen, gleich oder nächste Woche an Bewegung im Unterricht anzubieten?) Ich bin der Sache auf jeden Fall offen gegenüber, ich kann mir das sehr gute vorstellen, jetzt, wenn man das mal so reflektiert. Gerade in meiner siebten Klasse, weil die auch immer sehr unruhig ist. Vielleicht ist ein neuer Ansatz, man ist ja immer auf der Suche nach Dingen, die man vielleicht besser machen kann. Das würde ich gerne noch einmal ausprobieren. Das Problem ist immer davon gehört hat, aber nicht so genau weiß, welche Möglichkeiten habe ich überhaupt, wie kann ich das machen. „Pferderennen" fällt mir da als einziges ein. Aber was gibt es sonst noch? Ich werde wahrscheinlich eine neue fünfte Klasse übernehmen und ich würde jede Möglichkeit nutzen um denen möglichst viel mitzugeben und da wären „Bewegtes Lernen" und Bewegungspausen gute Möglichkeiten. Ich habe einen Leistungskurs 12 in Englisch…da ist es möglich, weil wir Filmanalyse machen, durch szenische Darstellung. Aber im LK ist es sehr viel Stoff und man muss gucken, wie man das dann anbietet. Ich denke nach wie vor, dass das Konzept eines ist, welches vermehrt auf die Unter- und Mittelstufe zutreffen könnte, weil da einfach auch die größten Konzentrationsschwierigkeiten liegen. Von einem LK-Schüler in der 13 muss ich auch erwarten können, dass er sich konzentrieren kann. So ein bisschen muss man die ja auch dahin bringen, dass sie sich im Übergang zum Beruf befinden und sich das da auch nicht erlauben können. Aber das interessiert mich schon, wenn man die „Bewegte Schule" zu Anfang einführt, machst es dann auch in der Mittelstufe und in der Oberstufe, ist das dann nicht eventuell Vorbild für den Beruf später? In Managerberufen und so weiter wird so etwas ja mittlerweile auch gemacht.

### 7.2.2 IPGoe2

1. Also eigentlich ganz unterschiedlich, von Kurs zu Kurs. Weil man glaub ich von Kurs zu Kurs gucken muss, wie die auch auf einen selbst reagieren als Lehrer. Ich hab eine relativ unruhige Klasse 7 in Chemie und gerade in Chemie ist es ja sehr wichtig, dass man da ein bisschen Disziplin hat, weil einem sonst da alles um die Ohren fliegt. Und da mache ich es zum Beispiel so, wenn die mir zu laut sind, zeichne ich meinen Geduldsfaden an die Tafel, bis ich quasi einmal quer rüber bin und dann ist quasi der Punkt erreicht, so ich sage, okay das was wir jetzt geschafft hätten in der Zeit wo ich den Faden gezeichnet hab, macht ihr zuhause. (Unabhängig vom Alter, oder machst du das nur in den jüngeren Klassen? Oder nur in älteren?) Das mache ich nur in der Klasse 7 eigentlich. Das ist eigentlich eine relativ kleine Klasse, die aber schon ein bisschen Bekanntheitsgrad hat – sie gilt als schwieriger. Das sind vor Schuljahresbeginn glaub ich 5 Schüler, in Anführungsstrichen, „aussortiert worden". Trotzdem sind die noch relativ unruhig. Bei denen mache ich das so; das hat ein, zwei Mal dazu geführt, dass die wirklich viel zuhause machen mussten. Seitdem geht's. (Und präventiv, um Störungen vorzubeugen?) Da hab ich mir noch gar nicht so große Gedanken drüber gemacht, so bewusst. Ich glaube, die Sitzordnung ist einfach ganz wichtig in vielen Klassen. Gerade, wenn man zum Beispiel nur zwei Stunden hat, wie ich in Chemie, muss ich mich darauf verlassen, dass andere Kollegen vielleicht zu mir sagen, welche Sitzordnung Sinn macht. Das nehme ich dann auf. Das ist glaub ich die einzige präventive Maßnahme die mir so einfällt. Was ich zwischendurch mal gemacht hab, als ich mir das Infoblatt zur „Bewegten Schule" durchgelesen hab: ich hab in der Klasse 5 ab und zu die ersten beiden, und die sind ja hier gekoppelt als 90 Minuten ohne Pause, was ich für die 5er sehr schwierig finde. Die gerade in Deutsch so lange so konzentrieren, dass ich schon so nach 45 Minuten oder wenn es sich gerade so anbahnt im Unterricht, dass die Phase gewechselt wird, dass ich dann einfach einmal sage „So, alle mal hinstellen, alle mal tief einatmen, alle durchschütteln". Das war eigentlich auch ganz gut. Aber das ist so das einzige, wo ich mal gesagt hab: „Bewegungspause".

2. Eine schwierige Frage. Das ist wieder ein bisschen abhängig vom Fach. Ich hab in der Sek I relativ viel Chemie und da haben wir so komische Stühle, wo unten der Fuß fünf Streben hat. Und wenn die da anfangen zu kippeln, ist es schnell möglich, dass sie umkippen. Da bin ich schon sehr darauf auf, dass die auch ordentlich sitzen, auch im Hinblick darauf, dass im Schrank viele Chemikalien stehen oder Geräte, die einfach durch Umkippen entweder über die Schüler kippen oder kaputt gehen. Da stört mich das schon. Also wir haben da wirklich die Bewegungsfreiheit ziemlich eingeschränkt. Auf der anderen Seite muss ich auch sagen, dass die, wenn die experimentieren, natürlich viel rumlaufen können. Ich versuche, relativ viele Schülerversuche zu machen, sodass sie dann sich auch bewegen können und auch müssen. Und in Deutsch hab ich eigentlich fast nur Oberstufe, bis auf die Fünfer. Bei den Fünfern ist es so, dass war mir vorher gar nicht so bewusst, dass die aus der Grundschule einfach so gewohnt sind, immer nach vorne zu kommen. Die bewegen sich automatisch ganz viel. Die fragen auch vorher nicht nach „Darf ich zum Mülleimer?" oder „Darf ich irgendwas?", die gehen einfach. Das fand ich am Anfang ein bisschen ungewöhnlich, find ich aber jetzt in Ordnung. Weil ich denke, ne Störung, erst zu fragen „Darf ich?" ist noch größer, als wenn sie es einfach machen. Und in der Oberstufe passiert das eigentlich überhaupt nicht, dass sich da irgendjemand freiwillig bewegt. Die sitzen einfach. Das Beste ist, nichts zu machen. Die kippeln auch eigentlich nicht, die sitzen einfach wirklich nur wie angewachsen. (Was wäre für dich da eine Störung, wenn die schon nicht kippeln oder aufstehen zwischendurch?) Mich stört es extrem, wenn sie sich unterhalten. Und das manchmal über Tischreihen hinweg. Vielleicht hat das mit der Lehrerperson von mir zu tun...ich weiß nicht wie es in anderen Unterrichten ist, aber das stört mich schon, wenn die sich unterhalten und auch das unterschwellige Gemurmel. Es ist wohl auch tatsächlich so in der 12 Gang und Gebe, das ist einfach so eine Stufe. Aber da sehe ich auch eigentlich gar keine Möglichkeit in meinen Kursen da irgendwie Bewegung reinzubringen, weil die Räume teilweise so klein sind. Ich hab einen Raum, da passen eigentlich 28 Schüler rein und die sitzen da mit 29. Da passt kein Blatt mehr gegen die Wand. Da kann man nix bewegen. Da ist man froh, wenn man zu seinem Platz kommt.

3. Prinzipiell denk ich, gerade weil ich ja den Vergleich zum Chemieunterricht hab, ist es schon so, dass Schüler besser lernen, wenn sie was anfassen können oder sich bewegen können dabei. Dieses ganzheitliche Lernen. (Altersunabhängig? Oder siehst du da Vorteile in den jüngeren Klassen, weil die ja gerade aus der Grundschule gekommen sind?) Nein, ich glaube, das ist altersunabhängig. Das ist auch in der Oberstufe so, dass denen Dinge fester im Hirn verwachsen, wenn sie wirklich dabei in Bewegung sind. In Chemie ist das mit dem Experimentieren natürlich was anderes, als diese „Bewegte Schule", auf die du hinaus willst. Andere Bewegung ist halt im Chemieunterricht wirklich noch schwierig. Also ich hab auf dem Info-Zettel gesehen, dass man Sitzbälle oder Spielgeräte oder Ähnliches vorschlägt. Das stelle ich mir im Chemieunterricht schwierig vor, dadurch dass diese Sitzbälle, die würden dann ja wahrscheinlich auch hin- und herrollen, wenn man sie mal verlässt. Und das darf halt im Chemieunterricht nicht sein. Da müssen Fluchtwege frei sein – die Schüler haben nicht mal ihre Taschen dabei, die müssen alles in der Klasse lassen. Von daher würde ich schon sagen, Sitzzwang in einer gewissen Art und Weise ist im Chemieunterricht gar nicht verkehrt. (Wie sieht es mit Deutsch aus?) Könnte ich mir durchaus vorstellen. Allerdings glaube ich, ganz davon ab, dass es erst so eine Eingewöhnungsphase bei den Schülern bräuchte, weil ich glaube, dass es erst einmal zu mehr Unruhe führen würde. Das müsste man glaube ich ausprobieren, ich kann schlecht einschätzen ob es wirklich zu Verbesserung führt oder ob sie einfach…dann wippeln die rum oder so…ob das dann nicht doch stört. Kann ich mir ganz schlecht vorstellen. (Kannst du dir schwer vorstellen das überhaupt durchzuführen oder kannst du dir vorstellen, dass das nicht eventuell zu mehr Unruhe führen würde als dass es den Schülern hilft?) Genau. Ich könnte mir schon vorstellen, dass man das mal ausprobiert. Fände ich sogar sehr interessant, weil man ja auch immer so Dinge wie „gesunder Rücken" sagt…ist ja bei diesen Sitzbällen häufig eine Begründung. Also, ich könnte mir das schon vorstellen. Aber was ich mir nicht vorstellen kann, ob es zu mehr Unruhe führt oder nicht. Das kann ich schwer sagen. Aber das würde mich selber interessieren. Wäre interessant zu erfahren. Denn das könnte dann ja ein Fortschritt hin zu motivierterem Unterricht sein, wenn es tatsächlich nicht zu mehr Unterrichtsstörungen führt.

4. Also möglich ist das, denke ich, schon. Ich glaube es ist immer schwierig, also ich habe jetzt ja nur den Vergleich vom Goerdeler, weil ich ja bisher nur hier unterrichtet hab. Ich glaube, dass die Gymnasien immer ihren Schwerpunkt irgendwohin legen. Und das meiste Geld wird dann auch auf diesen Schwerpunkt fixiert und ich weiß gar nicht, ob es eine Schule gibt, die sich mit dieser Bewegungsförderung irgendwie auseinander gesetzt hat oder da ihren Schwerpunkt hat. Ich glaube, dass gerade hier an unserer Schule erst einmal viele andere Baustellen sind, die erst einmal finanziell unterstützt werden müssen, bevor es dann dahin geht. Also in fachlicher, methodischer Hinsicht, wo erst einmal das ganze Geld reingeht, was man so im Schuljahr zur Verfügung hat. (Wo habt ihr euren Schwerpunkt?) So einen richtigen Schwerpunkt haben wir eigentlich nicht. Das ist eben auch eine Baustelle. Wir sind gerade dabei, das Profil der Schule zu erarbeiten. Es wurde angedacht, zum Beispiel die Naturwissenschaften, aber auch ohne naturwissenschaftlichen Zweig ist da eine Menge, was man da noch ändern muss. An Sicherheitsmaßnahmen, an allen möglichen Ausstattungsgeräten. Und ich glaube, das ist so im Sportbereich genau so, die sind schon relativ gut ausgestattet, aber da gibt es immer noch Sachen, in die eher investiert wird, als jetzt in dieses Bewegungskonzept. Könnte ich mir zumindest so vorstellen. (Kannst du dir vorstellen, warum das so ist?) Vielleicht ist es einfach zu wenig publik gemacht worden bisher. Also bevor du mich jetzt darauf angesprochen hast, habe ich da so konkret noch nichts von gehört. Ich glaube, dass viele das gar nicht kennen. Und vielleicht wäre es auch sinnvoll, wenn man das gerade in diesem Doppelstundenkonzept in den ersten beiden Stunden mit 90 Minuten am Stück, das tatsächlich mal ausprobiert, ob das nicht vielleicht sinnvoll ist, die eine oder andere Bewegungspause zu machen. Wie gesagt, ich glaube, da müsste man einfach ein bisschen mehr Werbung für machen. Und vielleicht ein paar mehr Studien, die das Ganze als positiv unterstützen. Um diese Studien zu bekommen, müsste man es aber auch durchführen. Das ist so eine Art Kreislauf, wo irgendjemand erst einmal sagen muss „ich mache mit!", um zu schauen, wie es ist.

5. Ich habe das, wenn wir Chemie mal außen vor lassen, wegen den ganzen Versuchen macht es ja eigentlich jeder ohne drüber nachzudenken. In Deutsch in der 5 habe ich das gemacht, wenn ich gemerkt hab, es wird so nach 40, 45 Minuten zu unruhig. Für die Schüler, hatte ich so das Gefühl, ist es dann auch klarer, dass ein Teil abgeschlossen ist. Wir bewegen uns ganz kurz, hier ist jetzt eine Stunde vorbei. (Machst du das zu einem bestimmten Zeitpunkt, wenn die Schüler zu Unruhig werden, oder immer nach 45 Minuten, wenn die Einzelstunde vorüber wäre?) Also es hat sich bisher immer automatisch ergeben, dass das nach 40, 45 Minuten der Fall war. Normalerweise hat man im Unterricht ja sowieso immer eine Phase, wo die Schüler für sich in Gruppen, alleine, in Pärchen oder wie auch immer arbeiten. Da ist es ja oft sowieso so, dass die lauter sind, da bekommt man ja den Lautstärkepegel gar nicht richtig mit – oder man will ihn vielleicht sogar, weil Gruppenarbeit eh Lautstärkepegel mit sich bringt. Für mich war es immer so, dass nach 45 Minuten auch der Spannungsbogen der Stunde irgendwann beendet ist. Man kann nicht über 90 Minuten eine Stunde wirklich spannend machen, finde ich. Und wenn man denen dann so ein Zeichen gibt, „Okay, jetzt kurz Pause. Einmal kurz bewegen und dann wieder neu anfangen", da hatte ich das Gefühl, sie sind auf jeden Fall konzentrierter. Dann wissen sie, jetzt war ein Teil vorbei, jetzt kommt der nächste, so ein Schnitt für sie und sie haben sich einmal bewegt, einmal an der frischen Luft vielleicht und dann hatte ich auf jeden Fall das Gefühl, dass das etwas konzentrierter weiterlief.

6.

a) Ja, finde ich eigentlich prinzipiell gut, sollte man auf jeden Fall einmal ausprobieren. Eben wieder die Teilung: in Chemie geht es halt nicht so gut. In Deutsch stehe ich dem durchaus offen gegenüber. Ich finde es mal interessant, wenn sie vielleicht auf Sitzbällen oder in einer anderen Art und Weise dann im Unterricht zusammensitzen würden. (Nur am Goerdeler, oder siehst du da vielleicht so ein paar Restriktionen, was Gymnasium generell angeht?) Nee, wenn, dann generell. Ich würde da das Goerdeler nicht rausnehmen. Ich für mich könnte ja nur hier den Test machen, ob das nun besser klappt oder nicht. Aber genercll – wieso nicht? Im Prinzip soll das Goerdeler oder das Gymnasium an sich ja auch für die Grundschüler so einen nahtlosen Übergang bieten. Und wenn die das aus der Grundschule schon so gewöhnt sind, warum nicht? Zumindest ja vielleicht in der Orientierungsstufe, dass man das da mal probiert.

b) Prinzipiell denke ich wieder, dass man es ausprobieren muss. Es geht bestimmt nicht an jeder Stelle des Unterrichts. Aber es gibt sicher Stellen, wo es sich anbietet. (Wann wäre das?) Zum Beispiel in diesen 90 Minuten irgendwo, wenn dieser Spannungsbogen nachlässt. Oder wenn man nur 45 Minuten hat, nach einer Erarbeitungsphase, wenn sowieso gerade wieder dieser Umbruch ist, von einer Gruppenarbeit in Einzelarbeit zurück oder in die normale Sitzordnung. Dass man das da einbaut, an solchen Gelenkstellen, die sich da anbieten. Also ich würde jetzt nicht meine Arbeitsphase unterbrechen und dann sagen, „Okay, jetzt bewegen wir uns!". Ich denke, dann sind die gerade in so einer Konzentrationsphase, danach würde es sich anbieten. Sie haben sich jetzt konzentriert, danach noch einmal auspowern, würde ich einfach so mal denken, von meinem Verstand her.

c) Ich glaube, dass das auf jeden Fall sinnvoll ist. Zum Einen, da ich festgestellt hab, dass das in Chemie ganz gut funktioniert, dass die Schüler durch Bewegung und Dinge anfassen und bewegen, dass das besser haften bleibt, was gelernt werden soll. Dass sie es auch einfach verbinden, mit bestimmten Aktionen. Selbst wenn sie nicht mehr genau wissen, worum es eigentlich ging, sie verbinden bestimmte Inhalte mit Bewegung. Und das fördert auf jeden Fall den Lernprozess. Und es gibt ja auch Schüler, die unterschiedlich lernen. Wenn man immer nur diesen Frontalunterricht oder Lesen oder auditiv Lernen hat, spricht man immer nur einen Lerntyp an. Und dieses Bewegen ist ja im Prinzip auch eine Form…oder ein Lerntyp, wenn man so will. Der kommt vielleicht sonst ein bisschen zu kurz.

d) Ich habe mitgemacht in dieser Arbeitsgruppe, wo um es das Konzept ging. Die Gestaltung der Mittagspause, da ging es eben auch genau um diese Sachen hier an der Schule. Da wurde auf jeden Fall angeregt, den Schulhof zu erneuern, sei es irgendwelche Kästchen auf den Boden zu malen, oder Bälle oder Spielgeräte in so einer Art Garage zu lagern. Find ich gut, auf der einen Seite, weil ein Teil der Schüler sich gerne auspowert während der Pausen. Und eben die Sitzgelegenheiten oder diesen „Raum der Stille" noch einmal umändern und sich lieber entspannen. Sodass man für beide verschiedenen Seiten etwas hat, etwas anbieten kann. Von daher ist es auf jeden Fall auch etwas, was wir auch hier schnellstmöglich umsetzen sollen. (Wir waren jetzt bei der Schulhofgestaltung. Träfe das auch auf die Hausgestaltung zu, dass man da Räume einrichtet, beispielsweise wo man sich bewegen könnte, oder halt auch eben entspannen könnte?) Denke ich schon. Also es gibt ja für die Oberstufe schon den Oberstufenraum, der anscheinen ganz gemütlich ist…ich war noch nie da. Ich glaube, das Problem ist einfach, dass zu wenige Räume da sind. Wenn in meinem Deutschunterricht jetzt 29 Schüler sitzen in einem Raum für 28, ist einfach kein Raum mehr da, wo man sagen würde, „Okay, dann machen wir jetzt einen Raum frei, der dreimal so groß ist und die Unterrichtsräume werden einfach zugepfropft". Ich glaube, daran mangelt es einfach, dass man nicht genug Räume hat. (Wäre ja wahrscheinlich auch ein sehr hoher finanzieller Aspekt?) Genau. Was auch noch dazu kommt, ist natürlich die Aufsicht, die auch da sein müsste. Es müsste ja zumindest in der Sek I immer eine Aufsicht dabei sein – sowohl auf dem Schulhof, wenn die spielen, als auch in den Stilleräumen. Wir haben ja auch so eine Art Bücherei unten, wo auch eine Aufsicht sein müsste, das ist glaube ich auch ein Problem, was das Ganze ein bisschen schwierig macht.

e) (Es gibt ja auch andere Vereine, in denen man sich bewegen kann, zum Beispiel Theater) Kenne ich mich ehrlich gesagt nicht mit aus, wie das hier gerade so ist. (Aber was ist so deine Meinung dazu?) Also generell sind sicherlich Kooperationen immer so Sachen, wo beide Seiten von profitieren. Wenn sich jetzt an Sportvereine denke, würde ich mal vermuten, dass da wahrscheinlich der eine oder andere Experte da ist, der vielleicht die Bewegung hier ein bisschen professioneller machen könnte oder einfach so ein paar Tipps geben könnte, wie man es umsetzen kann. Von daher denke ich, könnte die Schule auf jeden Fall davon Profit tragen. In anderen Bereichen weiß ich gar nicht, da kenne ich mich nicht mit aus.
(Im Grunde genommen sind wir durch. Als letzte Frage: Du sagtest, du stehst dem relativ offen gegenüber, du könntest dir das vorstellen. Was spricht jetzt für dich dagegen, gleich oder auch nächste Woche in den Unterricht zu gehen und etwas mit Bewegung zu machen?) Ich hätte keine konkrete Idee. Wenn du mir vielleicht eine

gibt, könnte ich dir eventuell antworten. Dafür fehlt mir einfach das Hintergrundwissen. Ich habe im Prinzip die Entscheidungen, die ich zu dieser 5er-Bewegungspause gemacht hab, alle aus dem Bauch heraus getroffen. Ohne nun zu wissen, hat das mal jemand niedergeschrieben, wo ich mal nachlesen kann, ob das gut ist. Das waren alles intuitive Entscheidungen und ich habe einfach zu wenig Ahnung davon, als dass ich sagen könnte, ich mache das gleich. Da fehlt mir einfach so ein bisschen das Hintergrundwissen. Ansonsten würde ich es gerne machen.

### 7.2.3 IPGoe3

1. Gerade bei den jüngeren Schülern bemühe ich mich um viel Methodenwechsel, damit sie sich nicht zu stark langweilen. So ist die Aufmerksamkeit höher. Ich versuche in der 5 Spiele einzubauen: Vokabelecken, Dialoge vorspielen. Wo die Kinder sich dann auch bewegen können. Wir haben ja hier ein Doppelstundenkonzept am Goerdeler und da merkt man bei der 5 schon, dass nach 15, 20 Minuten eine Arbeitsphase zu Ende ist und dass die Kinder dann dringend einen Methodenwechsel benötigen, es sei denn, man macht Stationenwechsel, wo sie sich eh frei bewegen können. Einige schalten manchmal auch einfach ab. Je nach Tag und Stunde. Und durch dieses Doppelstundenkonzept haben wir bezüglich der Gestaltung viel Freiraum, wir können Pause und Unterrichtsform frei wählen. Bei den älteren Schülern ist die Konzentration schon länger gegeben, so dass man auch mal länger eine Methode, Partnerarbeit, Gruppenarbeit oder Frontalunterricht machen kann.

2. Ich glaube, das ist sehr unterschiedlich vom Unterricht. Wenn man Stationenlernen hat, sollen die Kinder sich ja frei bewegen, dann stört eigentlich nur unnötiges Schwätzen auf Deutsch im Englischunterricht. Aber von der Bewegung her, denke ich, ist beim Frontalunterricht kippeln und zappeln ein Zeichen dafür, dass es zu lange dauert. Das ist für mich ein ganz gutes Signal, wenn viele Kinder anfangen zu zappeln, dann muss ich die Methode wechseln, Partnerarbeit einbauen, Dialog vorspielen lassen, Vokabelecken spielen, dass die sich nicht nur still auf mich konzentrieren müssen. Mich persönlich stört es ehrlich gesagt nicht so, aber ich würde mich schon wünschen, dass sie mehr auf dem Stuhl säßen, als auf dem Tisch. (Weil das Unruhe mit sich bringt für die ganze Klasse? Oder fühlst du dich selbst dadurch gestört?) Ich denke, es stört vor allem den Sitznachbarn, wenn jemand sehr stark kippelt oder auf dem Tisch liegt oder mit Stiften zappelt. Wenn das die Schüler in den ersten Reihen machen, kann das auch meine Aufmerksamkeit ablenken. Wenn ich versuche, eine Grammatik einzuführen und die fummeln mit dem Etui rum, dann fühle ich mich auch nicht ernst genommen. Aber auch das kann ein Signal dafür sein, dass ich was ändern muss, dass ich eventuell nicht so viel reden sollte oder frontal unterrichten sollte und die Arbeitsform wechseln muss.

3. Ich bin ja auch Mutter eines 11jährigen Sohnes und halte das für sehr notwendig in den unteren Klassen, dass die Schüler sich im Unterricht auch bewegen dürfen in gewissem Maße. Ich versuche auch Elemente durch diese Vokabelabfrage mit dem Ball einzusetzen oder eben Vokabelecken, wo die ja auch rumlaufen dürfen. Oder wir spielen oft Menschenmemory in der 5. Da dürfen die auch aufstehen und sich bewegen. Ich halte das für sehr gut, aber die Schwierigkeit ist natürlich, danach wieder disziplinierten, stillen Unterricht zum Beispiel für Grammatikphasen einzufordern. Die Ball-Abfrage mache ich ja am Anfang, auch damit die Schüler ankommen können, eventuell sich abreagieren, rumhampeln, so als warm-up. Diese Vokabelecken mache ich meistens, wenn ich den Eindruck habe, dass die Konzentration überschritten ist. Dann mache ich das meistens mittig in der Doppelstunde. Die Elemente wie auf dem Ball sitzen kann ich mir sehr gut im Grundschulbereich vorstellen und auch noch in der 5 und 6, ich glaube aber, dadurch dass wir sehr viele Kinder mit ADS haben, dass das in einer Klasse mit 28 Schülern zu noch mehr Unruhe führen könnte. Ich würde den Kindern das wünschen und als Mutter weiß ich auch, dass dieses Hampeln auch sehr kreativ sein kann und nichts Schlechtes ist, aber dass es andere auch ablenken kann. Ich selbst muss gestehen, dass ich es schade finde, dass in der Oberstufe die Schüler so bewegungslos da sitzen. Aber ich kenne keine Methoden, wie ich das auflockern könnte, außer eine normale Pause einzuläuten. (Würdest du es machen, wenn du wüsstest, wie es geht?) Ich würde mir das bei einem 11-Stunden-Schultag, den viele Oberstüfler absolvieren müssen, ganz dringend wünschen. Und dann gibt es viele Freistunden, in denen die auch im Endeffekt nichts machen. Dass sind 11 Stunden, wo die arbeiten wie ein Erwachsener und sich den ganzen Tag, außer im Sportunterricht, kein einziges Mal bewegen. Die Oberstufenschüler bleiben ja auch in der Pause meistens im Zimmer sitzen. Die gehen ja maximal zur Toilette oder zum Nebenraum. Ich würde es mir da sehr wünschen, aber ich schwierig mit solchen Erwachsenen so etwas zu initiieren. Die kommen ja schon für eine Präsentation ungerne nach vorne, die bewegen sich ungerne im Klassenraum. Ich versuche es dann über häufigen Partner- und Sozialformwechsel die vom Platz zu bewegen, sie an die Tafel zu holen, ein Plakat oder eine Folie vorstellen zu lassen. Aber eine echte Bewegung, da habe ich im Oberstufenbereich noch nix von gehört. Ich kann mir nicht vorstellen, dass die auf Bällen

sitzen sollen...obwohl ich das gut fände, angesichts immer mehr übergewichtiger Leute. An der Schule meins Sohnes gibt es in der Pause gibt es auch Waveboards, das haben wir hier ja auch nicht. Hier gibt es ja fast nichts.

4. Ich halte das für sinnvoll. Es ist möglich und begrenzt auch möglich, wir stehen natürlich sehr unter Zeitdruck, in vielen Bereichen. Das spürt man schon verstärkt, wo man auch methodisch schon sehr eingeengt ist, weil man viel Stoff vermitteln muss, das war vor 10 Jahren noch anders. Ich würde es mir dennoch wünschen. Eine Kollegin macht von Klassenarbeiten auch Fingerübungen. Ich als Religionslehrerin mache oft Traumreisen und die Kinder genießen das. Ich habe auch schon progressive Muskelanspannung gemacht, obwohl das die Schüler nicht so gut angenommen haben, da wäre sicher eine aktive Bewegung beliebter, gerade bei den jüngeren Schülern. Ich denke auch, dass es nötig ist, weil die Schüler immer mehr Zeit in der Schule verbringen müssen. Die Möglichkeiten halte ich aber für relativ eingeschränkt, vielleicht bin ich da aber auch nicht kreativ genug. Bei den jüngeren Schülern, Klasse 5, 6, 7 sind natürlich Bewegungsspiele wie „Head and shoulders, knees and toes" sehr beliebt. Rollenspiel machen die gerne, etwas ver- und einkaufen auf Englisch, Referate und Präsentationen machen. Mal die Sitzordnung verändern. Oder „Simon says", also Spiele mit Gesten, sehr beliebt. Ab der Pubertät, 8 und 9, würde ich mir das sehr wünschen, aber ich muss gestehen, dass ich keine Konzepte kenne. Da wäre ich dankbar für Anregungen, wie man da zum Beispiel Englischstunden bewegt gestalten könnte, ohne eine Exkursion zu machen, und den Unterricht etwas aufzulockern. (Also glaubst du schon, dass man in der Mittelstufe bis zur 10 Bewegung einsetzen kann?) Ich würde mir das wünschen, aber ich weiß nicht wie. Mit ganz besonders entspannten Klassen kann man auch in der 9. Klasse „Head and Shoulders" spielen, weil die das kennen und weil die das lustig finden und weil die selbstbewusst sind und die nehmen sich dann nicht zu ernst. Aber ansonsten würde ich mir wünschen, dass ich in der 8 und 9 da noch Konzepte hätte, was ich mal altersgerecht mache könnte. (Wie siehst du das im Schulleben, also nicht auf den Unterricht bezogen? Zum Beispiel was das Gebäude oder den Hof angeht?) Ich denke, am Gymnasium sind wir da eher bewegungsfeindlich, alles was mit Bewegung zu tun hat, birgt ein hohes Unfallrisiko: Schneeballwerfen ist verboten, Klet-

tern, Fußballspielen…(Du sagst „feindlich", das ist ja schon ein sehr negatives Wort. Siehst du das so negativ?) Es ist von unserer Aufsicht her so vorgeschrieben. Es wird vieles verboten, was mit Bewegung zu tun hat, was ich schade finde, aber da wäre eben die Frage, schafft man das, beaufsichtigt angeleitete Bewegung durchzuführen. Die Schüler würden sicherlich sehr gerne Basketball spielen, Waveboards fahren, an einem Klettergerüst auch in der 8. Klasse noch kletter, aber es gibt eben diese Gelegenheiten nicht. Ich muss aber auch zugeben, die Kletterwand wird bei uns recht selten genutzt, obwohl die sehr teuer war und extra da rein investiert wurde für die Mittelstufenschüler.

5. Ich wende also immer diese Vokabelabfrage mit dem Ball an, ich mache Vokabelecken, wo die Schüler laufen dürfen in der 5. Ich mache gerne Lieder, also „Head & Shoulders…", wo Bewegung eingebaut ist. Den Alphabet-Song mit Bewegung. Ich bemühe mich immer, bei den jüngeren Schülern auch viel mit Gestikulieren zu machen, wo sie sich auch hinstellen dürfen und mitmachen. Die Vokabelabfrage mache ich bei Klassen mit einer guten Atmosphäre auch noch in der 8. Jahrgangsstufe, die das dann auch so hinnehmen. In der 9. Klasse, muss ich gestehen, bringe ich selbst keine aktive Bewegung mehr in den Unterricht mit ein und in der Oberstufe auch nicht. Außer der üblichen, also Aufstehen, Präsentation machen, Stuhlkreise, Blitzlichter, Basare wo die Schüler hingehen dürfen. Das bemühe ich mich schon mindestens einmal im Monat zu machen, wo es dann so eine Aktivität gibt, wo auf jeden Fall jeder seinen Platz verlässt. (Aus welchem Grund machst du das? Und wie wirkt sich das dann aus?) Bei den jüngeren Schülern ist der Hauptgrund die Motivation und auch das schnellere Einprägen von Vokabular und Aussprache. Ich bin der festen Ansicht, dass, wenn ich das mit einer Geste verbinde, werden die Schüler diese Wörter besser einprägen können. Es stärkt also Motivation und auch das Lernen. Die Vokabelecken nehme ich häufig als Stundenunterbrecher, damit die Schüler bei Unruhe sich auch mal wieder eine Runde bewegen können und rumlaufen können. Negative Folge kann sein, dass die Kinder nach dem Menschenmemory zum Beispiel sehr unruhig sind. Das spiele ich nur am Ende der Stunde, weil die Kinder meistens so angeregt und aufgeregt sind, dass sie kaum noch zu beruhigen

sind. Das ist dann schon eine Belohnung für eine gute Stunde. Die Gefahr ist sonst sicherlich da, dass der Unterricht danach darunter leidet.

6.

a) Also für die unteren Klassen 5 und 6 ist das durchaus noch vorstellbar. Beim Stationenlernen würde ich zum Beispiel Gruppentische bevorzugen und dann ist es natürlich wünschenswert, dass die Schüler rumlaufen. Auf Bällen zu sitzen halte ich in den jüngeren Stufen für schwierig. Aber ich denke, dass das zu verstärkter Unruhe führen würde, das könnte man in der Oberstufe besser durchführen. Da wäre dieser gesundheitliche Vorteil stärker zu schätzen.

b) Das halte ich für sehr, sehr wichtig. Gerade in dem Doppelstundensystem was mir machen, zum Beispiel bei den 5ern und 6ern, die genannten Spiele wie Vokabelecken, „Head and Shoulders". Das ist wichtig für die Konzentration, fürs Lernen, für die Motivation. Und das würde ich mir für jede Schulform dringend wünschen, zumindest für den Englischunterricht. In Religion zum Beispiel legen wir ja mehr Wert auf Entspannung und stille Übungen. Wir haben hier ja auch einen „Raum der Stille", wo die Schüler meditieren können, wir machen Traumreisen, wir haben viel Stationenlernen und auch mal eine Umfrage, wo die Schüler dann auch durch die Schule zu anderen Klassen bewegen dürfen. Gerade im Doppelstundenband ist das unerlässlich, denn man kann und sollte und darf nicht 90 Minuten frontal unterrichten. Und dann am besten noch 4 Doppelstunden pro Tag. (Würdest du sagen, dass das nur bei jüngeren Schülern ein Vorteil ist, oder träfe das auf alle Altersstufen zu?) Von der 5 bis 8 würde ich sagen, wenn in den Klassen eine gute Atmosphäre herrscht und die Schüler selbstbewusst im Englischen sind, ist da schon einiges möglich, in der 9 fällt mir selber nichts ein. Ich kenne keine geeignete Literatur und würde mich da über Anregungen freuen, denn auch die 9er haben Doppelstunden und außer den o.g. Methoden kenne ich keine Bewegungspause.

c) Auch da, das ist ganz, ganz wichtig, gerade im Anfangsunterricht. Im Englischunterricht in der 5. Klasse verbinden wir alle neuen Wörter auch mit Gesten und versuchen die Bedeutung hervorzuheben. Und ich glaube, dass das für die Schüler eine große Hilfe ist, wenn sie sich so etwas gemeinsam merken können.

d) Raum für Spiel und Entspannung haben wir für den Religionsbereich mit dem „Raum der Stille" geschaffen. Das ist im Wesentlichen gelungen. Auf dem Schulhof ist die Kletterwand eingerichtet, leider wird die nicht so wahrgenommen wie ursprünglich erhofft. Ich würde mir sehr wünschen, wenn wir noch häufiger geschultes Personal in den Mittagspausen hätten, dass vielleicht da auch Bewegungsangebote möglich sind. Zum Beispiel, dass Waveboards oder Pedalos ausgegeben werden. Auch für ältere Schüler Ballspiele erlaubt sind, Badmintonschläger und so weiter. Das würde sicher sehr gerne von den Kindern angenommen. (Auch da wieder die Frage: gibt es Unterschiede beim Alter?) Ja, ich denke, je jünger, desto einfacher. Die Motivation bei den Älteren ist anders fokussiert und liegt eher in der Stillbeschäftigung und im sozialen Bereich. Aber ich glaube auch hier würde für viele Jugendliche, die vielleicht in der Pause eher zum „Außenseitertum" neigen, ein Angebot eine Hilfe sein, sich zu bewegen und auch miteinander ins Spiel und ins Gespräch zu kommen. (Du sagtest, in den Freistunden sind eher die Älteren Schüler diejenigen, die rumsitzen. Wären Angebote nicht eine Möglichkeit, diesen Schülern Alternativen zu bieten?) Das ist an unserer Schule ein interessantes Thema. Wir haben ja Silencium-Räume eingerichtet, wo man lernen kann und da muss auch still gesessen werden, was auch kontrolliert wird. Im Gegensatz dazu ist eben der Oberstufenraum, wo man sitzen kann und laute Musik hören kann. (Wie wird der frequentiert?) Sehr gut. Die Schüler verbringen da gerne ihre Freizeit, auch sitzend natürlich. Ich denke, es wird sehr schwierig sein, die Oberstufenstufenschüler in Freistunden zu aktiver Bewegung zu bewegen, wenn es nicht ein angeleitetes Spiel ist, wo wirklich ein Trainer oder eine Lehrperson dabei ist. Da wird die Motivation eher gering sein. Der Nachteil daran wäre auch eben, dass da dann ein geschulter Lehrer oder jemand von außen dabei sein müsste. Manchmal übernehmen das Referendare, aber es ist eher schwierig.

e) Generell finde ich das eine gute Idee, da die Schüler ja auch immer weniger Zeit haben, in der ihnen verbleibenden Freizeit Vereine anzusteuern. Ich würde sagen, dass viele Schüler, die erst um halb 5 nach Hause kommen, Schwierigkeiten haben, noch einem Verein beizuwohnen. (Woran liegt das?) Einerseits der geringere Wunsch, sich fest zu binden. Aber andererseits die geschwundene Freizeit an sich, durch den schulischen Leistungsdruck. So haben die Schüler weniger Zeit. Ich könnte mir vorstellen, dass Vereine etwas anbieten in der Pause. Vielleicht im ganz-offenen Bereich. Schüler können Sportgeräte mitbringen und Leute aus dem Verein können Spiele anleiten. Die Frage ist, ob sich so etwas überhaupt lohnt in der kurzen Pause, wo die Schüler auch noch etwas essen müssen. Ich kenne aber viele Schüler, die das mit Sicherheit gerne annehmen würden. Auch als Nachmittagsangebot. Und da haben wir ja auch noch AGs. Ich halte es auch für besser, wenn die Vereine oder Musikschulen in die Schule gehen und der Schüler, wenn er um 5 nach Hause kommt, sein Vereinsleben schon hinter sich hat. Das ist auch für die Familie wünschenswert, für die Schüler und für die Vereine langfristig wahrscheinlich auch. Bei unserem Sohn lief das auf der Karlschule so und das war super, weil er nicht noch irgendwohin fahren musste. Die Zeit war sinnvoll genutzt.

### 7.2.4  IPGoe4

1.  Also Präventionsmaßnahmen finde ich am sinnvollsten und da mache ich im Prinzip am liebsten Methodenwechsel. Sodass ich versuche, die Aufmerksamkeit der Schüler auf ganz verschiedene Dinge, auch Aktivitäten, zu richten, damit sie nicht immer die gleiche „einschläfernde" Methodik vor sich haben. Das ist nämlich ein großes Problem. Wenn man das im Vorfeld schon ziemlich abwechslungsreich gestalten kann, glaube ich, kommen viele Sachen nicht so auf. Das geht nicht immer präventiv, aber wenn man es hinbekommt, dann versucht man das irgendwie gerne. (Wie sieht Intervention bei Ihnen aus?) Wenn ich in der Unterrichtsstunde Störungen erlebe, dann versuche ich dem Schüler zunächst erst einmal, die Problematik überhaupt bewusst zu machen. Oft merken die das ja gar nicht. Man muss ein bisschen gucken, dass man dann…es kommt sehr auf den Einzelfall an, ich kann das gar nicht allgemein sagen. Wenn ich eine Intervention machen muss, dann merke ich eigentlich, dass ich etwas falsch gemacht habe. Und ich versuche dann, da etwas methodisch zu ändern, damit ich das besser hinbekomme. Das hilft mir nicht in dem Augenblick, aber grundsätzlich hilft mir das, bei der Gruppe und beim Schüler. Also, ich müsste dann in diesem Augenblick versuchen, die Struktur des Unterrichts möglichst bald abzuändern und in diesem Augenblick den Schüler einmal dazu zu bringen, dass er wie auch immer individuell versucht, das mitzumachen, was ich machen möchte. Aber grundsätzlich denke ich, es ist gut, wenn man…z.B. „Bewegte Schule" hat ja auch viel mit methodischer Abwechslung zu tun…wenn man methodische Abwechslung macht, und im Musikunterricht ist es ja auch möglich sich zu bewegen, mit Instrumenten etwas zu machen und auch mal zu tanzen, ich versuche so etwas einzubauen in den Unterricht. Insofern ist es dann sinnvoll. Es ist immer sinnvoll, wenn es sich auf den Unterrichtsstoff bezieht.

2.  Also ich bin schnell gestört durch irgendetwas. Das heißt aber nicht, dass es nicht vorkommt und dass ich es nicht trotzdem toleriere. Ich glaube, dass Schüler das brauchen, aber es nervt mich schon sehr. Aber es gibt so eine Toleranz, wo ich weiß, der meint das nicht böse und der muss ich irgendwie bewegen und macht jetzt hier irgendwas. Das ist auch kein Problem. Ich gehe dann, vielleicht auch wenn ich einen ADHS-Schüler habe, mal hin und halte ihm…also lege ihm die Hand auf die Schul-

ter zum Beispiel. Dass er einfach merkt, hier ist Ruhe…also nicht böswillig, ich weiß dass die auf Berührung reagieren. Und dann ist das ganz sinnvoll. Dass man nicht immer Ritalin nehmen muss…es ist eine Schwierigkeit, dass man den Kindern immer dieses Ritalin gibt und dann sind die praktisch der Sucht ein bisschen anfälliger gegenüber. Das finde ich nicht schön, ich habe das in meinem Umfeld erlebt und ich finde, das sollte man nach Möglichkeit vermeiden, auch wenn das nicht ganz leicht für die Lehrperson ist. Es ist schon schwer, aber das heißt nicht, dass man es nicht versuchen kann. Dann versuche ich diesem Schüler individuell das, was ihm…es gibt Kinder, die muss man einfach einschnautzen, so böse das ist, aber anders geht das nicht, die hören überhaupt nicht, wenn ich nicht einmal richtig doll „HA!" mache, wissen die überhaupt nicht, dass es um sie geht. Anderen sage ich „Klebt euch mal irgendwas über den Mund!", sowas gibt's auch. Andere lasse ich einfach gewähren, und weiß, dass es nichts Böses ist. Oder jemand, der muss immer mit den Fingern so „nibbeln" mit einem Stift und merkt überhaupt nicht, dass es laut ist, dann sage ich „Leg den Stift aus der Hand.", dann ist es schon erledigt. Dann ist es leise. Aber ich versuche dann, die Bewegung natürlich…also das Problem zu erkennen, also „warum ist das so?". Wenn ich jetzt sehe, der macht irgendwelchen Blödsinn, weil ein anderer eine halbe Stunde lang etwas von sich erzählt, dann muss man irgendwie die Methode ändern.

3. Also ich würde dieses „Bewegte Lernen" bevorzugen. Das mache ich ja auch immer, wenn es irgendwie geht, auch im Deutschunterricht, wenn es geht, in Form von Gruppenarbeit oder anderen Partnerarbeiten wo man wechseln muss oder wo man mit anderen Kombinationen sich zusammensetzen muss. Das finde ich eine sinnvolle Sache und da kommt ja auch Bewegung. Oder in Rollenspielen oder so etwas, in Deutsch mache ich auch gerne mal Theater, plane Theaterszenen. So etwas wird sehr gerne angenommen von Schülern und da glaube ich, dass eine richtige Chance auch für die Schule besteht. Also ohne Bewegung ist Schule schon schlecht, nur sitzen ist ganz schlecht. Aber unmotivierte Bewegungen, die jetzt nicht in den Schulalltag gehören oder jetzt nicht in den Unterrichtsstoff gehören, die halte ich für die Schüler für Animationen, die die nicht gerne mitmachen. Ich habe festgestellt, dass Schüler häufig den Eindruck haben, sie würden da…also die Idee des Trainings

hat auch die Idee der Gehirnwäsche und diese Idee der Beeinflussung und das fühlen Schüler ein bisschen mit, wenn man das macht. Und das möchte ich ihnen eigentlich zumuten, also sie müssen schon verstehen, warum wir das machen. (Ist das altersunabhängig, oder sagen Sie, bei jüngeren Schülern würde es sich vielleicht doch anbieten?) Ja, bei jüngeren Schülern ist sicherlich der Bewegungsdrang größer, das würde ich schon sagen. Mit jüngeren Schülern kann man ganz bestimmt mehr solche Bewegungsspielchen machen oder auch überhaupt methodische Dinge mit Bewegung…das ist ja in den unteren Klassen auch so, dass man in der fünften Klasse, also wir fangen damit in der fünften Klasse an, dass man mehr methodische…mit Bildern und mit basteln und so etwas macht. Das ist in der Grundschule natürlich schon stärker.

4. Ich finde es gut, wenn es möglich wäre. Müsste das aber auf die Fachdidaktiken zurückziehen. Die Fachdidaktiken müssten jeweils dafür ein Konzept erarbeiten und das fände ich für die unteren Klassen sehr sinnvoll. Oft ist das in den Doppelstunden, die wir jetzt hier haben zu anstrengend für die Schüler, zwei Stunden lang zu sitzen. Das finde ich nicht gut in den unteren Klassen, zu sitzen zwei Stunden. Gerade während der Doppelstunden brauch man Auflockerung in den unteren Klassen. Da weiß ich nicht, ob es möglich wäre, das einzubauen, ich baue es in meinen Unterricht ein, ich meine, dass man das zunehmend…ja die Anforderung hat, von den Schülern auch gefordert wird, dass man das tun sollte. Insofern finde ich es sinnvoll, das einzubauen. Aber wie gesagt, im Fach Musik mache ich das sowieso schon und im Fach Deutsch, wo ich es irgendwie kann. Ich finde es sinnvoll. Aber ich finde es dann sinnvoll, wenn es mit dem Unterrichtsstoff zu tun hat und wenn es nicht „L'art pour l'art" sag ich mal, also als Kunst für die Kunst ist. Also nur, um die Bewegung, um die Bewegung zu erreichen. Wenn ich jetzt Schülern sagen würde, „Wenn du dich so und so bewegst, dann vernetzt sich deine rechte mit deiner linken Gehirnhälfte. Dann kannst du folgendes Problem besser lösen.", dann verstehen sie das ja auch. Und dann finde ich die Bewegung auch wieder sinnvoll. (Man muss also immer begründen können?) Ja, man muss es den Schülern einsichtig machen, warum sie das machen sollen. Und dann machen sie es, glaube ich, auch sehr gerne.

5. Also ich mache es sicherlich auch aus Abwechslungsgründen, besonders in den unteren Klassen, biete auch gerne in den oberen Klassen so etwas an. Nicht immer wird so etwas gerne angenommen. In oberen Klassen ist auch die Scheu etwas größer, sich vor anderen negativ darzustellen. Tanzen zum Beispiel ist in oberen Klassen gar nicht immer so angesagt, aber in unteren Klassen wird das gerne angenommen. Es hat immer dieses Problem, insbesondere in Musik, aber in anderen Fächern sicherlich auch, dass es mal ausufern kann, also in Musik hat es ja leider auch mit Lautstärke oft zu tun. Laute Musik, oder man bewegt sich laut, man muss Instrumente benutzen oder so etwas, das hat oft etwas mit Lautstärke zu tun. Das kann ausarten. Also es kann passieren, dass es zu laut wird, dass keiner mehr sein eigenes Wort versteht, und wenn man mal eine Anweisung gibt, einem dann keiner mehr zuhört. Und dieses Problem muss man im Vorfeld kennen, versuchen, ein bisschen Prävention zu betreiben und wenn man einfache Regeln vorher aufstellt, dass das folgendermaßen abzulaufen hat...man vereinbart zum Beispiel ein Zeichen, auf das alle hören und das alle wahrnehmen können. (Wenn Sie keine Bewegung einsetzen, womit hängt das dann zusammen?) Einerseits, wenn ich Druck habe, in Deutsch zum Beispiel, wenn es in Richtung einer Klausur geht, dann kann mir das passieren, dass ich mich dann etwas von den Schülerwünschen abkoppeln muss. Weil es einfach zügig gehen muss und wir bestimmte Dinge nicht verstanden haben. Und wenn ich das nicht beibringe, dann geht es in der Arbeit daneben. In der siebten bis neunten Klasse zum Beispiel, wenn ich so etwas in Deutsch weiß, dann versuche ich das doch kurz noch durchzusetzen. Das ist dann nicht so ganz einfach und das finde ich selber auch nicht so schön und versuche das dann in der nächsten Zeit wieder ein bisschen auszugleichen. Da kann es dann passieren. Es kann mir auch passieren, wenn ich merke, dass Schüler ganz grundsätzlich einfach in ihrer Sozialstruktur das nicht akzeptieren. Es gibt Kinder, die sich nicht blamieren wollen vor anderen und das ist an dieser Schule besonders stark. Also an den Gesamtschulen ist das überhaupt kein Problem, die sind da ganz locker drauf. Da ist es vollkommen anders als hier. Man neigt hier auch dazu, zu schnell Methoden zu nehmen, die Frontalunterricht und Stillsitzen erfordern. Weil die Schüler das einem nicht zeigen, dass man das nicht sollte.

6.

a) Heißt das, dass man nicht mehr sitzen soll, oder dass man anders sitzen darf? (Es kann beides bedeuten.) Also man muss nicht sitzen im Unterricht, aber man sollte da, wo man nicht sitzt, noch den Stoff weiter verfolgen können. Das ist ja nicht immer möglich. Also wenn ich Deutsch mache und sie sollen einen Text lesen, dann wird es schwierig, den im stehen zu lesen. Aber es ist schön, wenn wir dramatische Stellen machen, Szenen machen, und da brauche ich es unbedingt. (Es hängt also wieder mit der Methodik und der Thematik zusammen?) Genau. Es hängt damit zusammen, dass ich es auf den Stoff beziehe. In Musik ist das gar kein Problem, das können wir immer irgendwie machen. Da kann ich immer Gruppen bilden und für irgendwelche Instrumente zum Beispiel. Wechsel von Sitzplätzen innerhalb der Stunde...meinen sie jetzt innerhalb der Stunde? (Ja.) Dann finde ich einen Wechsel von Sitzplätzen sinnvoll, wenn man Gruppenarbeit macht. Wenn man eben eine soziale Struktur braucht, um einen Inhalt zu fördern. Da finde ich es sinnvoll. Und da würde ich es auch sehr bevorzugen. Also wenn man den Unterrichtsstoff so gestalten kann, methodisch, dass er das erfordert, dann finde ich das auch für den Schüler sinnvoll. Muss aber eingeübt werden. Diese Dinge, wenn sie nicht eingeübt sind, geraten schnell aus dem Ruder. Das muss wirklich trainiert werden und regelmäßig festgelegt werden.

b) Wenn man gar keine Bewegung hat, und es ist in unteren Klassen insbesondere...und die Schüler sind vielleicht ein bisschen direkt in der Äußerung ihrer Bedürfnisse...dann ist das ein Problem und das sollte man vielleicht vermeiden. In oberen Klassen ist das aber nicht so ein Problem, ab Oberstufe wirkt es etwas albern, wenn man zu viel Bewegung macht im Unterricht. Aber in der Mittelstufe wird es oft gerne angenommen. Da würde ich sagen, sollte man auch auf nicht geäußerte Schülerwünsche im Vorhinein versuchen einzugehen, das als Experiment versuchen laufen zu lassen, weil die Schüler häufig besser motiviert sind und dann auch nicht zu viel schlafen...also die passen besser auf, wenn man Methoden wechselt.

c) + d) + e) aufgrund von Zeitmangel nicht beantwortet.

### 7.2.5 IPGoe5

1. Passende Sitzordnung ist die erste Präventionsmaßnahme. Das nächste sind Einzelgespräche, wenn einer wiederholt stört. Das dritte sind pädagogische Reflektion, zum Beispiel „Schreibe bitte eine Din-A-4 Seite mit der Fragestellung ‚warum macht es Sinn, zuzuhören? Warum macht es Sinn, die anderen nicht abzulenken und was hilft es mir selber?" Möglichst spannende Aufgabenstellungen mit direkter Einbindung von neuen Begriffen. Ansonsten würde ein extremer Störer, oder jemand der es widerholt macht in der Stunde, dann rausgeschickt, wenn er sich nicht ändern kann.

2. Die Störung beginnt dann, wenn der Geräuschpegel durch die Bewegung zu hoch wird. Oder wenn andere Schüler abgelenkt werden. Ob die aber ansonsten Kaugummi kauen oder mit ihrem Lineal spielen oder stricken oder malen, das stört mich eigentlich nicht. Oder Kippeln, das stört mich auch nicht.

3. Das Konzept ist mir selbst mit Blick auf den Info-Zettel nur ein vager Begriff. Was bedeutet es denn? (Es gibt verschiedene Facetten in diesem Konzept. Beispielsweise kognitive Inhalte durch Bewegung zu erlernen bzw. zu lehren. Dann gibt es Bewegungspausen, dort unterbricht man den Unterricht und eine angeleitete Bewegung wird durchgeführt. Es gehört aber auch nicht nur der Unterricht zu, sondern auch beispielsweise die Schulhof-Gestaltung, Rückzugs- und Spielmöglichkeiten...) Es geht also auch über den Klassenraum hinaus? (Genau, nicht nur das Lernen, sondern das Leben) Das halte ich schon für sinnvoll, das über den Klassenraum hinausgehende sowieso, aber da habe ich ja keinen Einfluss drauf, das gestaltet ja im großen und ganzen der Schulträger. Im Unterricht selber ist mehr Bewegung möglich im Englischunterricht, so dann Stücke szenisch aufgearbeitet werden oder eine Partnerarbeit stattfindet. In der Mathematik wüsste ich nicht, wie ich einen abstrakten kognitiven Gegenstand mittels Bewegung vermitteln sollte, abgesehen von den einfachen Räumlichen Erkundungen räumlicher Objekt und beim Vermessen.

4. In der Schule, dann das was über den Klassenraum hinaus geht. Da denke ich, ist die Gestaltung der Pausenbereiche wichtig, wo ich Bewegungsmöglichkeiten habe. Innerhalb des Klassenraums denke ich auch, wenn man die Arbeitsformen noch anders gestalten könnte. Auch, wenn man die Lehrwerke anders gestalten könnte, wo mehr Arbeitsaufträge mit Bewegung versehen werden. Das könnte ich mir dann schon vorstellen. (Also gibt es ihrer Meinung nach in den Lehrwerken was Bewegung angeht noch nicht genügend Anteil?) Nein, und Mathematik beruht ja auch auf der ruhigen Auseinandersetzung mit der Materie. Manche sagen „Das kann ich nicht laufend erlernen, das muss ich sitzend durchdringen." Aber prinzipiell ist da sicher noch einiges möglich. (Können Sie sich vorstellen, was dort gemacht werden könnte?) Deutlich stärkere Projektarbeit, dann mit physisch gegebenen Objekten hantiert wird. Ob ich mir nun einen Würfel vorstelle oder sogar anfassen kann und eventuell sogar bewege, da liegen Welten zwischen.

5. Zum ersten müssen die Schüler natürlich aufstehen, wenn ich komme, das ist ja schon Bewegung. Und dann setzen sie sich hin. Ich habe es mal gemacht, Doppelstunden zu unterbrechen für kleine Bewegungseinheiten. Oder man kann auch Vokabelabfragen machen, wo sich die Schüler gegenseitig den Ball zuwerfen. (Und wie hat sich das in dem Moment ausgewirkt, wenn Sie die Stunde unterbrochen haben?) Mehr Unruhe. Ganz klar mehr Unruhe, danach auch. Je stärker die Bewegung war, umso stärker war die Unruhe danach. (Wie sah so eine Unterbrechung aus?) Etwas sportartenähnliches, zum Beispiel die Armbewegung des Tennisspielers und Golfspielers nachmachen und dann die Bewegung beim Boxen oder Karate. Und dann haben wir rückwärts gezählt und dann mussten sie bei „1" Ausatmen und dann sollte es vorbei sein um das zu beenden. (Das war aber dann in dem Moment für die Schüler im Kopf noch nicht beendet?) Ganz genau, die hätten am liebsten weitergemacht. (Wie lang haben Sie das gemacht und in welcher Klasse?) So 5 Minuten, in den Klassen 7, 8, 9, in der Mittelstufe. (Spricht das für Sie dagegen, das noch einmal im Unterricht einzusetzen, weil es im Endeffekt für Unruhe gesorgt hat?) Also mit den straffen Curricula- Vorgaben ist die Zeit einfach auch sehr kostbar. Gut, in der Doppelstunde kann man das noch einsetzen, aber da muss man ganz klar Phasen haben, wo man wieder runterkommt. Da habe ich schon eher Entspannungs-

phasen eingesetzt, dass man einfach eine Minute stehen bleibt und wenn man meint, die Minute ist um, setzt man sich hin und der am nächsten dran ist, hat gewonnen. Oder man legt den Kopf eine Minute auf den Tisch und kommt so zur Ruhe. So kann man runterkommen. Man muss ja eben auch die Bewegung kombinieren mit Phasen, wo man runterkommen kann.

6.

a) Neues Mobiliar finde ich auf jeden Fall gut. Was soll denn eine Auflockerung des Sitzzwanges bedeuten? Also dürfen die rumrennen? Oder was dürfen die genau? (Rennen wäre natürlich eine Sache, die viel Unruhe in den Klassenraum bringen würde. Aber eine Auflockerung bedeutet, dass sitzen kein Muss ist. Das geht auch einher mit dem Mobiliar, beispielsweise durch Stehpulte. Oder wenn Schüler sich andersherum auf den Stuhl setzen würden, oder knien.) Ja, die Auflockerung des Sitzzwanges finde ich auch gut. Also bei mir können die Schüler, wenn sie Einzelarbeit machen und fertig sind, auch rumgehen und den anderen Tipps geben, allein da ist ja schon Bewegung drin. Ich bin der Bewegung nicht gänzlich abgeneigt, aber wenn ich sage, jeder kann rennen wenn er will, ist das natürlich wenig konstruktiv. Aber auch Gruppenarbeiten, wo die Gruppen sich Ergebnisse untereinander vorstellen und aufstehen müssen oder die Sitzordnung auflockern, machen Sinn. Manche sitzen ja auch manchmal schon so mit dem einen Bein unterm Po, aber das ist kein Problem.

b) Die haben bei mir zu mehr Unruhe geführt. Deshalb mache ich es jetzt nicht mehr, ich fand da keinen für mich subjektiv fühlbaren Vorteil, also dass danach deutlich gesteigerte Konzentration gewesen wäre. Ich habe einmal eine Fortbildung besucht mit einem Trainer, der solche Bewegung vorgestellt hat und einiges habe ich implementiert...aber nicht dauerhaft, denn der Ertrag war leider nicht so, wie man sich das so vorgestellt hat.

c) In Englisch habe ich so etwas wie „acting out" oder „give a short talk", da habe ich ja auch schon so etwas wie Bewegung drin, beziehungsweise eine Verkörperung. Neben der Sprache habe ich ja auch noch die körperlichen Elemente. Ich weiß nicht, was man sonst noch machen kann. Man kann natürlich „up & down" auch so verankern, mit in die Knie und wieder nach oben gehen, um nicht nur eine verbale Abspeicherung zu ermöglichen, sondern die Abspeicherung dieses lexical items mit der Bewegung zu verbinden…aber da habe ich gar keine Erfahrung, da müsste man ein Konzept aufbauen, also welche Bewegung passt jetzt zu welchem lexical item. Sowas kann man vor allem mit den Kleinen machen, da gibt es ja viele Realia. Im Mathematikunterricht wäre Bewegung eher weniger. Die räumliche Darstellung, also physische Präsenz von Objekt, das halte ich schon für sinnvoll, auch das Betasten, aber Bewegung im Sinne von stärkerer körperlicher Bewegung kann ich mir jetzt nicht vorstellen, wie ich das mit der Mathematik verknüpfen kann.

d) Ja, eine sehr sinnvolle Sache. Man sieht das ja jetzt an den modernen Spielplätzen, was für tolles Spielgerät da möglich ist. Sowas wäre sicher schön. (Gibt es da negative Faktoren?) Das ist die Unfallgefahr. (Also müsste eventuell wieder eine Aufsicht daneben stehen?) Ganz genau, und die kann natürlich auch nicht verhindern, dass mal jemand stürzt. Ich denke, der wesentliche Faktor, warum das nicht gemacht wird, ist der finanzielle. Solche Dinge sind einfach teuer.

e) Ja, das ist doch klasse für die Sportkollegen. (Nur für die?) Ja, denke ich schon. (Weswegen? Wegen der Tipps für den Sportunterricht?) Zum Beispiel. Ansonsten ist mein Arbeitspensum erreicht. Das bedeutet einen zusätzlichen Aufwand für die Lehrkräfte. (Sie meinen, wenn Sie sich jetzt mit einer Klasse einem Sportverein öffnen würden, um dann von denen vielleicht Tipps zu bekommen, wie man Bewegung im Klassenraum einsetzen könnte?) Halte ich für sehr sinnvoll, wenn ich dafür Entlastung bekomme. So einfach ist das. Dann würde ich das sofort machen, dann wäre ich auch gerne bereit, abends da hin zu kommen. Aber nicht on top of it. Man ist als Lehrer auch so ganz gut ausgelastet und das wird ja nicht weniger. Das ist in den letzten Jahren konstant mehr geworden.

### 7.2.6 IPJoh1

1. Wenn Störungen auftreten, dann versuche ich das sofort und direkt zu klären. Das heißt, die Schüler mit Namen ansprechen hilft meist schon, und ansonsten…also ich hatte bisher noch nie das Problem, dass ich danach so eine Disziplinmaßnahme machen musste. Bei mir war es meistens so, dass, wenn ich die Schüler angesprochen habe, dann war es meistens auch in Ordnung. Ich denke, dass man das vermeiden kann, indem man den Unterricht einfach gut plant, dass die Schüler wissen, was sie machen müssen und dass auch wirklich alle beschäftigt sind, dass es dann gar nicht erst aufkommt. (Also würdest du sagen, die Prävention ist wichtiger?) Ja, dann kann nicht mehr so ganz viel schiefgehen. Ich denke, es ist auch wichtig, wie die Lehrperon sich generell verhält im Raum. Dass er selber präsent ist, sodass die Schüler das Gefühl haben, dass da jemand ist, der alles mitbekommt. Auf eine gewisse Art und Weise, dass sie sich beobachtet fühlen. Also Präsenz zeigen.

2. Ich finde generell, wenn man so ein bisschen auf dem Stuhl rumrutscht, ist das nicht so schlimm. Wenn das aber wirklich massiv wird, fühle ich mich schon gestört. Ich hatte im Referendariat einen Schüler, der ADS hatte und in den ersten Stunden war das kein Problem, aber in der 5. und 6. steht der dann auf und rennt rum. Das war dann schwierig auszuhalten, weil das im Prinzip den Ablauf meines Unterrichts gestört hat. (Inwiefern? Stört es dich selber?) Es hat eher noch die anderen Schüler gestört, weil die dann abgeleckt sind und schauen, was der da gerade macht. Dann war erst einmal zwei Minuten nichts mehr möglich…bis man die dann erst wieder ruhig hatte. Manche denken dann „Oh, der steht schon wieder auf" oder „Was macht der denn da?". Das war eine fünfte Klasse. (Welche Art von Bewegung wäre für dich noch akzeptabel?) Was auch in Ordnung wäre, wenn man merkt, dass die Klasse unruhiger wird und sich nicht mehr konzentrieren kann, dass man dann sagt „Wir bewegen uns jetzt alle einmal kurz", dass man sich lockert, das Fenster aufmacht, dass sich jeder bewegt, damit man danach konzentriert weiter machen kann. Gerade Kleinere können sich ja nicht so lange konzentrieren. (Leitest du das an oder sagst du einfach „Wir machen jetzt 3 Minuten Pause"?) Wir haben das mal im Hauptseminar gemacht und dann habe ich das mal mit den Kleineren durchgeführt, dass man dann einfach aufsteht und die Arme mal streckt, sowas halt, das haben wir ge-

meinsam gemacht. Dann stört es nicht und danach sind die…ich weiß nicht, ob die dann wirklich richtig ausgelastet sind, aber vielleicht erst einmal ein bisschen ruhiger.

3. Also generell finde ich wirklich gut, weil es glaube ich einmal für die Kinder auch ein schöner Ausgleich ist, und andererseits die Konzentration gesteigert wird. Das stelle ich mir zumindest so vor. Was ich schwierig finde, wie man das in alle Fächer integrieren will. Ja klar, dieses Aufstehen und dass sich alle bewegen, das kann ich mir vorstellen. Aber was es für andere Möglichkeiten gibt, so etwas zu machen, das kann ich mir nicht vorstellen. Vielleicht bei Freiarbeit, dass man mal aufstehen muss oder vielleicht in andere Räume, dass sie es sich vielleicht auch irgendwo gemütlicher machen oder so. Aber wie man das anders integrieren könnte, weiß ich nicht. Würde mich aber interessieren. (Also kannst du dir nicht vorstellen, wie du durch Bewegung kognitive Inhalte vermitteln solltest?) Genau. Würde mich aber interessieren!

4. Also, ich glaube in das Schulleben auf jeden Fall! Man könnte ja zum Beispiel noch die Pausenhöfe ansprechender gestalten, durch Kletterwände oder so etwas. Aber im Unterricht…also auf dem Info-Blatt steht ja auch „gelockerter Sitzzwang", das stelle ich mir schwierig vor. Hört sich gut an, aber wie will man dann zum Beispiel mitschreiben und wir dadurch die Unruhe nicht noch größer? Das klingt für mich ein bisschen weniger realisierbar. (Aber die Schulhofgestaltung und die Klassenraumgestaltung wäre deiner Meinung nach möglich?) Ja genau…das mit den Sitzbällen finde ich eine gute Möglichkeit. Ich habe selbst zuhause einen und finde das echt gut. Das wäre, denke ich, auch realisierbar. Es wäre sicher von den Anschaffungskosten möglich, man kann sich darauf ja auch ein bisschen bewegen, ohne dass es stört. Das fände ich gut. Vielleicht verleitet es die Schüler in 5-Minuten-Pausen auch dazu, damit rumzuspielen, man kann ja auch darunterfallen. Aber mit Stühlen kann man auch Mist bauen. Aber gut, die Bälle verleiten vielleicht dazu.

5. Außer, dass wir im Hauptseminar mal darüber gesprochen haben und dass ich dann in der Doppelstunde einer 5. Klasse das gemacht hab, wenn die sich nicht mehr

konzentrieren konnten...Fenster auf, strecken, Lockerungsübungen...sonst eigentlich nicht. Oder gehört das auch dazu: ich habe in der Oberstufe mal bei „Woitzeck" in Deutsch Theateraufführungen gemacht. Da bewegt man sich ja schließlich auch. (Wenn du es nicht machst, was spricht dann für dich dagegen, Bewegung im Unterricht anzuwenden?) Einfach die Zeit. Man will ja auch mit seinen Sachen fertig werden. Auch, dass ich da gar nicht groß drüber nachgedacht hab. Bevor wir da im Hauptseminar drüber gesprochen haben, kam das für mich nicht infrage.

6.

a) Da sehe ich Chancen relativ gut und realistisch. Finanzierbar...das wäre hier am Johanneum als privater Schule noch was anderes als an einer staatlichen. Es kommt auch drauf an, Sitzbälle sind noch in Ordnung von den Anschaffungskosten her, aber man könnte ja auch darüber nachdenken, den Klassenraum komplett umzugestalten mit altersgemäßen Spielgeräten...aber das fände ich eher schwierig. (Was sagst du zur Auflockerung des Sitzzwanges?) Das finde ich auch schwierig, denn es gibt gewisse Regeln, die man einhalten muss und wenn man beispielsweise gerade schreibt, ist es einfach wichtig, zu sitzen, finde ich. Da muss man sich konzentrieren. (Aber wäre das Schreiben nicht auch in anderen Körperhaltungen möglich?) Es kommt wahrscheinlich auch auf den Schüler an. Ich für mich würde, glaube ich, am liebsten Sitzen. Was vielleicht auch noch geht, dass man auf dem Bauch liegt und schreibt. Aber im Stehen...wäre schon gewöhnungsbedürftig. Das ist aber eine Typsache, eher als das Alter. Es gibt vielleicht auch Schüler, die gerne im Schneidersitz schreiben.

b) Ja, das kann ich mir vorstellen und das habe ich in kleiner Form ja auch schon gemacht. Finde ich in Ordnung. Aber, meines Erachtens ist es bei 45 Minuten nicht unbedingt nötig. Bei anderthalb Stunden ohne Pause, in diesem Doppelstundenmodell, merkt man schon, dass die es unbedingt brauchen. (Wie wäre das bei älteren Schülern?) Da stelle ich mir die Motivation schwieriger vor, wenn man mit Oberstufenschülern da macht. „Jetzt stehen wir mal alle auf und lockern uns"...vielleicht fühlen die sich da nicht ernstgenommen. Oder man müsste das abgeben, dass ein Schüler etwas vorbereitet und dass das dann wechselt.

c) Ich weiß nicht genau, wie ich das machen sollte. Ich kann mich erinnern, dass eine Freundin ihr Latinum nachholen musste, und da haben die zu bestimmten Deklinationen bestimmte Schrittfolgen gehabt. Wenn ich was im Körper zusätzlich mitbewege, dass es dann besser im Gedächtnis bleibt. Das würde ja zeigen, dass auch die älteren noch davon profitieren können.

d) Das finde ich gut und wichtig. Es ist halt auch die Frage, wie das finanzierbar ist, gerade an staatlichen Schulen, ob da dann das Geld für ausgegeben wird. An sich finde ich das gut, wenn auf dem Schulhof viel Raum ist oder den Schülern viele Angebote gemacht werden, sich zu bewegen. (Würde das von allen Schülern angenommen?) Glaube ich nicht, es ist ja jetzt auch schon so, dass einige Schüler rennen und spielen und manche stehen halt nur in der Ecke. Ich glaube, da gibt es auch noch einmal einen Unterschied zwischen Jungen und Mädchen und dann auch vom Alter her, die Kleinen bewegen sich sicher auch mehr als die Oberstufenschüler.

e) Ist wichtig. Ich glaub, dass das auch die meisten Schulen schon sehr stark unterstützen. Ich weiß nicht genau, wie das hier ist, aber an meiner Ausbildungsschule hatten wir ganz viele solche Kooperationen, mit einem Handballverein, dem Fußballverein, Tennis. Da gab es auch eine Begabtenförderung im Handball. Kanu gab es auch noch. (Würdest du sagen, dass man damit alle fangen kann? Oder ist es nicht vielleicht sogar wieder so, dass die daran teilnehmen, die ohnehin Sport treiben?) Ich glaube, dass, wenn jemand einfach nicht will, kann man noch so viele Angebote machen. Jeder ist anders. Trotzdem glaube ich, dass je mehr Angebote gemacht werden, man auch mehrere Kinder machen. Die Angebote müssen dann auch unterschiedlich sein, zum Beispiel auch Tanzen. Weil gerade Mädchen nicht unbedingt Fußball spielen wollen. Oder vielleicht Badminton, irgendwie etwas, wo sich jeder was raussuchen kann. Ich hätte jetzt als Schülerin ja auch nicht Fußball gespielt. Man muss für jeden typ etwas anbieten, dass jeder was finden könnte. Ob dann tatsächlich jeder etwas findet, aber wenn man das breit anlegt, spricht man, glaube ich, viele an.

## 7.2.7 IPJoh2

1. Es gibt verschiedene Möglichkeiten, die ich habe. Es gibt ja auch verschiedene Grade von Unruhe und Bedingtheiten von Unruhe. Es gibt einfach Unruhe weil Klassen sehr unmotiviert sind und keinen Bock haben. Das ist leider heutzutage oft der Fall. Das war tatsächlich früher besser. Teilweise läuft diese Ablenkung durch verschiedene Einflussfaktoren nach Pausen noch weiter und kostet dann Konzentration. Manchmal sind Schüler auch einfach müde und kaputt. Da habe ich eigentlich ganz gute Maßnahmen gegen. Bei kleinen Schülern in den Klassen 5 und 6, die in einer Doppelstunde mal müde wurden, mache ich es so, dass die einmal um das Gebäude laufen mussten und sich danach wieder hinsetzen. Vorteil bei diesen Klassen ist, dass die das noch relativ ernst nehmen und sich recht schnell wieder beruhigen. So kann man dann ein Konzept wählen und mit besseren Ergebnissen den Unterricht weiterführen kann. Ähnliche Sachen habe ich mit 9ern versucht, da ist das Problem dann allerdings, dass das auch oft ausgenutzt wird um Unterrichtszeit abzuzwacken. Die gehen dann wesentlich langsamer und kommen spät und das führt dann zu Unruhe und weicht vom gewünschten Effekt ab. Ich habe andere Maßnahmen in einer 9, die auch ein bisschen Motivationsschwierigkeiten hatte: da habe ich auf der Hälfte der Doppelstunde ein englisches Lied gesungen. Einer der Schüler hat eine Gitarre mitgebracht und wir sind aufgestanden, haben gesungen und das war auch ganz erfolgreich. Manchmal ist das aber benutzt worden, um danach unruhig zu sein und zu quatschen, sodass dann nicht konzentriert weitergearbeitet wurde und ich musste die Truppe wieder zur Ruhe bringen. Da geht dann zu viel Unterrichtszeit verloren. (Weitere Interventionen?) Beispielsweise habe ich eine sehr undisziplinierte 9, die auch keinen Bock hat. Da gibt es bestimmte Unruheherde und ich habe als Präventivmaßnahme sofort einen Einzeltisch nach hinten gestellt, sodass, wenn ein Schüler mehrfach ermahnt wird, ich den hinten an den Tisch setze. Ich habe auch schon die Hausaufgabenlänge abhängig gemacht vom Lernerfolg. Wenn ich das Programm, was ich mir vorgenommen hatte, nicht durchbekommen habe, weil die wieder zu unruhig waren, dann gab es das, was wir nicht geschafft hatten, als Hausaufgabe auf. Wobei das als Lehrer auch ein Eigentor ist, weil man ja die Hausaufgaben dann auch wieder anschauen muss, da geht ja wieder Zeit bei drauf. Wenn es jetzt besondere Schüler sind, wo ich merke, dass die so unaufmerksam sind, dass die wirklich

Defizite im Unterricht haben, und sie das dann im Unterricht einsehen, dann rufe ich auch regelmäßig bei den Eltern an, sodass die Einfluss nehmen können. Das klappt manchmal, aber manchmal ziehen die Eltern das auch nicht durch.

2. Gemäßigtes Kippel ist okay. Aus sportlicher Sicht sowieso. Wenn aber einer so sitzt, dass er kurz vorm Zusammenbruch steht, muss ich natürlich eingreifen. Ich habe auch nix dagegen, wenn se mal kurz mit ihrem Nachbarn Kontakt aufnehmen. Grundsätzlich lasse ich Toilettengänge immer zu. Ich habe auch zwischendurch Gruppenarbeitsphasen…wobei da auch wieder das Problem ist, dass man sehr viel Zeit verliert, weil die Leute einfach beispielsweise nicht Englisch reden oder sich über anderes unterhalten. Ich habe da eine ziemlich hohe Toleranzschwelle, was Stille angeht. Was ich gar nicht haben kann, ist wenn jemand seine Hausaufgaben vorliest und alle anderen sind einfach froh, dass der Kelch an ihnen vorbeigegangen ist und fangen an zu blättern und rascheln und hören nicht zu und stören den Vorleser damit. Da werde ich sauer, denn das ist unmöglich.

Der Klassenraum ist zu klein für unsere 30er-Klassen und wenn die alle auf einem Haufen hocken, ist alleine deshalb schon eine große Unruhe. Wenn man eine Möglichkeit hätte, Phasen einzubauen, wo die Klassen halbiert werden, wäre eine große Effizienz dabei. Aber wir sind quasi ‚rappelvoll'.

3. Ich finde das gut, das Problem ist, dass ich da zu wenig Ahnung von habe. Ich müsste also zu dem Thema Fortbildungen machen. Es wären beispielsweise Treppendiktate möglich, das funktioniert angeblich sehr gut, aber andere Lehrer sind da weiter und innovativer als ich. Aber das liegt auch manchmal daran, dass einige nur Unter- und Mittelstufe machen, ich mache ja viel Oberstufe. (Ist es in der Oberstufe weniger möglich?) Ja. (Woran liegt sowas?) Weil ältere Schüler dieses ausgeprägte Bewegungsbedürfnis, was Schüler in der Jugend oder Pubertät haben, nicht mehr so haben und dass die einfach auch konzentrierter arbeiten können. (was wäre denn der Vorteil von Bewegung in den anderen Unterrichtsfächern?) Durch Bewegung lernt man. Meine Tochter rennt nur im Zimmer hin und her, wenn sie ihre Jura-Sachen lernt. Das sage ich meinen Schülern auch, dass die das machen sollen. Was ich in der Oberstufe mache, ist ‚close acting', also einen Akt spielen lassen. Da haben die

auch frei sprechen gelernt, was ja dann auch gut für unser fächerverbindendes Projekt ist. Aber da geht dann in dem Moment auch wieder Zeit vorüber, in der man etwas anderes machen kann.

4. Meines Erachtens ist ein Grundproblem, dass viele innovative Konzepte an Grundschulen oder anderen Schulen ausprobiert und dann 1:1 aufs Gymnasium übertragen werden. Ich sage einfach: das geht nicht, denn wir haben ganz andere Voraussetzungen und auch andere Ziele als die Grundschule. Ich finde es ganz schlimm, dass sich das Gymnasium „vergrundschult", es sollen viele Sachen eingeführt werden, die so für das Gymnasium nicht greifen, weil wir ja immer auch ziel- und ergebnisorientiert arbeiten müssen. Ein bisschen was täte uns gut, aber es müsste einfach ausgetestet werden, denn im Hintergrund steht, dass die Leistungen, die für das Zentralabitur geleistet werden müssen, müssen irgendwie erreicht werden. Das darf nicht aus dem Auge verloren werden. (Das ist ja auf den Unterricht bezogen. Was wäre denn mit dem Schulleben?) Wir haben hier genug Bewegungsmöglichkeiten. Wenn das Wetter wieder besser wird, können die Schüler ja auch auf den neuen Platz gehen, wir haben Tischtennisplatten und eine Torwand und wir haben einen großen Sportplatz, sodass die dann auch sich Bälle holen können und laufen und fangen spielen können. Das ist okay. Aufforderungscharakter hat unser Schulgelände schon mehr als bei anderen Schulen.

5. Also zum Teil mache ich das, dass die Schüler wieder so ein bisschen das Gehirn freischaufeln können und dann wieder aufnahmefähiger sind. Deshalb setze ich Musik und Bewegung ein. Was ich schon einmal überlegt habe, was ich manchmal machen könnte, dass ich bei stillen Klassen den Leuten Bälle zuwerfe und wer den Ball schnappt, muss etwas sagen. Aber dann fangen die den Ball nicht, weil sie eventuell nicht wollen und dann ist das wieder kontraproduktiv, weil zu viel Unruhe entsteht. (Wenn du es nicht einsetzt, was spricht für dich in dem Moment dagegen?) Es spricht dagegen, dass ich bestimmte Ziele im Unterricht erreichen muss. Es sind so viele Faktoren, die kontraproduktiv sind, die Unruhe in die Klasse bringen, dass es ausgenutzt wird um noch mehr „abzuhängen" im Unterricht, dass ich deswegen nicht mache, weil ich sonst mit dem Stoff nicht durchkomme. Die 9er haben nur

drei Unterrichtsstunden und bei denen fällt so viel Unterricht aus, sodass man das aufs Schuljahr hochrechnet, vielleicht nur zwei Wochenstunden zustande kommen. Und das ist viel zu wenig. Und ich muss sehen, dass das, was vorgeschrieben ist, irgendwie rüberkriege. (Wären diese kognitiven Inhalte in dem Moment durch Bewegung zu vermitteln?) Wenn ich eine Möglichkeit hätte, dann ja. Aber ich weiß beispielsweise nicht, wie man Textanalyse oder Charakterisierungen mit Bewegung machen soll. Das weiß ich einfach nicht, wenn mir da mal einer auf einer Fortbildung was zeigt, wie es funktioniert, würde ich sagen: klar, das probiere ich mal aus! (Würde das bei allen Altersklassen funktionieren?) Ich glaube, Gewöhnung ist ein ganz wichtiges Kapitel: wenn ich das mit jungen Schülern anfange, könnte das später, wenn die älter sind, auch noch funktionieren.

6.
a) Finde ich super. Aber das ist eine Hauptkatastrophe bei uns: alte Tische und Stühle und dementsprechend, der Geräuschpegel, der durch Knartschen entsteht. Das wär super, wenn die neue Tische bekämen. Aber ein Nachteil, habe ich ja schon gesagt: 30er Klassen, die nur für 20 ausgelegt sind…da ist so viel Alternatives nicht möglich. Ich mache ja schon viel für die Atmosphäre in meinen Klassen, eine Bananenstaude und Blumen und Poster an der Wand und so weiter, aber auch da habe ich festgestellt, dass seitens der Schüler auch wenig Verantwortung kommt, obwohl das besser wird. Aber man muss immer wieder daran erinnern, die Blumen zu gießen. Aber ich gieße dadurch ja zarte Pflänzchen, dass die sich wohl fühlen in den Klassenräumen. Mein Traum wäre ja ein eigener Klassenraum, den könnte ich ja nochmal anregender gestalten und das wäre dann meine Verantwortung.

b) Neben dem „Rausschicken" der Schüler fände ich es gut, wenn man da noch mehr machen würde. (Ginge auch das bei allen Altersstufen?) Ist möglich, müsste dann aber unterschiedlich ausgeprägt sein. Ich finde, es muss aber auch ein bisschen organischer sein, es muss Spaß machen, sie sollen das nicht als albern empfinden. Es hat ja auch was mit Motivation zu tun und wenn die Schüler dadurch motiviert sind, dann sind solche Pausen sinnvoll. Wenn die Schüler das aber als albern empfinden und sich dabei doof vorkommen, ist das eher kontraproduktiv. Aber man müsste es mal sehen, auf einer Fortbildung mitbekommen, und dann könnte man das ausprobieren. Ich hätte da richtig Lust drauf.

c) Da habe ich ehrlich wenig Hintergrundwissen.

d) Vom Schulhof her sind wir wirklich ganz gut ausgestattet. Und es ist ja auch immer eine Frage der Finanzierung, so etwas wie ein Kletterplatz mit einem Weichboden drunter wäre superteuer. Und wir sind ein offenes Schulgelände, da besteht auch immer das Risiko, dass das kaputtgemacht wird oder zugemüllt. Das Realistische haben wir an unserer Schule schon, Bewegungsmöglichkeiten in den Klassenräumen aber leider nicht. Oben im Medienzentrum haben wir ja auch zwei Rückzugsorte und Nischen, wo man sich hinsetzen kann. Allgemein kostet jede Bewegungs- oder Erholungsmöglichkeit noch mehr Platz und das ginge nur, wenn die Klassen kleiner werden. Das ist aber auf Dauer nicht absehbar. Eine alte Ledersitzgarnitur wird aber immer häufig genutzt, die stand erst in der Aula und da saßen immer Leute drauf. Das wurde unheimlich gut wahrgenommen. (Die Schüler dürfen ja außerhalb der Stunden nicht in die Klassen. Wäre das noch eine Möglichkeit?) Das ginge von der Aufsicht nicht. Dann müsste sich auf jedem Flur ein Lehrer befinden und das würde uns noch mehr belasten. Ohne Aufsicht würde dann was kaputt gemacht oder geklaut…da haben wir ein paar Vorfälle gehabt und dann haben wir uns zur Schließung der Klassenräume entschlossen.

e) Wir haben es ja mit dem Basketball versucht, aber es hat nicht funktioniert mit der Realschule und der Lippetalschule zu kooperieren, weil die uns als Konkurrenz betrachtet haben. Es gibt meines Erachtens ein Kernproblem, die Freizeitstruktur in Deutschland ist noch auf ein halbtägiges Schulsystem zugeschnitten. Optimal ist es, wie es in den USA läuft, da läuft ja sämtliche Freizeit grundsätzlich über die High School, da gibt es aber auch kein Vereinsleben. Ich denke, es wird hier ganz lange dauern, bis sich das anpasst. Es ist illusorisch zu meinen, dass man Übungsleiter in die Schulen bekommt, weil das Kernarbeitszeiten sind, das heißt, die werden nicht um 3, 4, 5 Uhr eine AG machen. Das hätte was mit massiven Investitionen zu tun. So kommt die Schule nicht weiter und die Vereine auch nicht. Ich bin für eine vernünftig ausgestattete Ganztagsschule, dann auch mit Kräften außerhalb von Schule, die mit den Schülern was machen, nicht nur durch Lehrer, sondern auch durch Theaterfachleute und Tanzlehrer. Aber das liefe in Deutschland nicht, weil man die Kräfte nicht bekommt. Ehrenamtliche kann man ja auch nicht in die Schule holen, das wäre zu viel Aufwand für die und außerdem sind viele Ehrenamtliche auch keine professionellen Kräfte, was dann wieder Probleme mit sich bringt. Viele sind gar nicht richtig geschult worden. (Und andersherum, als Lehrer mit den Schülern Angebote in der Nähe zu besuchen?) Super, haben wir ja schon gemacht. Wir haben schon Tenniskurse gemacht und ich wollte mit Schülern schwimmen gehen, aber da hatten die Schüler leider keine Lust zu. So viel zum Thema Motivation. Was Kollegen machen, ist Klettern. Aber das ist ja auch immer mit Kosten verbunden, Schulbus und Eintritt und so weiter.

## 7.2.8 IPJoh3

1. Eine Gegenmaßnahme wäre häufiger Methodenwechsel. Dann noch Sitzordnung verändern bei Schülern…Schüler eventuell auch gezielt woanders hinsetzen. Das wäre ja im Grunde genommen auch Prävention, vor allem der Methodenwechsel. Man plant das eventuell von vorneherein ein, zum Beispiel kann ich nicht mit der gleichen Methode 90 Minuten lang Fünftklässler ruhig halten. Was ich auch schon gemacht habe, wenn ich das Gefühl hatte, dass eine sehr große Unruhe in der Klasse herrscht und es ändert sich nicht, dann hab ich auch schon Fünftklässler eine Runde um den Sportplatz laufen lassen. 10 Minuten laufen und dann wieder konzentriert arbeiten. Also bei Kleinen würde ich das machen. Da würde ich auch stärker als bei den Großen eine Doppelstunde unterbrechen. Wir können als Lehrer ja da zwei, drei Minuten Pause machen und bei den Kleinen mache im Normalfall eine Pause.

2. Das ist abhängig vom Unterricht, den ich gerade durchführe. Ich hatte jetzt gerade eine Klasse 7, da war eigentlich lernen alleine oder zu zweit, sodass ich vor als Helfer zur Verfügung stand. Da war es ganz normal, dass die Leute zu mir kamen und sich untereinander geholfen haben, sodass ich darauf vorbereitet war, dass das eine Stunde war, die größere motorische Unruhe oder Beweglichkeit voraussetzt. Bewegung ist im Klassenraum auch eigentlich eher ungewöhnlich. Normal ist es, dass die Schüler im Raum an ihrem Platz sitzen und nur nach Aufforderung aufstehen. (Was wäre denn da eine Störung wo Sie sagen „Bis hier hin und nicht weiter"?) Störungen hängen immer davon ab, wie sehr andere Mitschüler dadurch gestört würden. Wenn einer ständig aufsteht, ständig zu anderen Schülern hingeht, unter den Tisch kriecht, zum Papierkorb geht, sodass die anderen Schüler auch das Gefühl haben, erheblich gestört zu werden, das würde mich dann auch stören und das würde ich dann versuchen, zu unterbinden. Obwohl es da sicher auch davon abhängig ist, wenn sowas wie ADHS vorliegt, dann versuche ich, vorher dem entgegen zu wirken. Ich würde zum Beispiel dann von solchen Kindern einfordern, dass sie vorne sitzen, Blickkontakt zum Lehrer zu haben um eine größere Chance zu haben, konzentriert teilzunehmen. Dass sie auch nicht so sehr von den anderen Schülern abgelenkt werden.

3. Ich würde das erst einmal altersabhängig sehen. Bei einem Fünftklässler, den kann ich im Normalfall nicht 90 Minuten still sitzen lassen, da muss ich Bewegung zulassen. Bei einem Zehntklässler würde ich das anders sehen. Wenn ich eine motorisch unruhige Klasse habe, die die Bewegung braucht, dann muss ich das einplanen. So etwas wie Laufdiktate kann ich auch in Mathe machen.

4. Ich glaube, es wird nötig sein, wenn wir an den Gymnasien Ganztage einführen. Da muss ich Möglichkeiten haben, dass die Kinder ihrem Bewegungsdrang auch Rechnung tragen. Und ich kann dann sicher nicht drei oder vier Doppelstunden machen, ohne dass ich den Kindern die Möglichkeit gebe, auch zu laufen, zu rennen, zu springen. Mit dem Ganztag wird das also ein verstärktes Thema. (Inwiefern wäre das möglich? In den Unterrichtsfächern auch, oder nur durch Gestaltung der Räumlichkeiten und des Hofes?) Ich brauche attraktivere Gestaltung des Schulhofs, ich brauche eine stärkere Unterbrechung durch solche Fächer wie Sport. Gegebenenfalls auch Fächer, die andere kognitive Fähigkeiten bei Schülern ansprechen, eventuell durch eine stärkere Mischung, dass ich also auch Musik – Bewegung – Tanz mit einbaue.

5. Also bei den Kleinen gibt es durchaus Phasen, wo mehrere auch in Bewegung sind. Ähnlich wie es bei diesen Laufdiktaten ist. (Aus welchem Grund?) Weil die dann nach einer gewissen Zeit wieder konzentriert sind und es denen einfacher fällt, im Fachunterricht dabei zu bleiben, ohne im Grunde nur still sitzen zu müssen. Da ist das Hauptaugenmerk nicht beim Sitzen, sondern beim Fach. (Was spricht für Sie dagegen, die Inhalte vielleicht auch durch und mit Bewegung zu vermitteln?) Ich habe mich damit nicht weiter auseinandergesetzt. (Gibt es auch negative Folgen der Bewegung?) Wenn es zu unruhig wird, sodass Nachbarklassen auch gestört werden. Das zweite Problem: die Klassenräume müssten groß genug sein, dass Bewegung möglich ist, ohne dass andere gestört werden. Eigentlich sind unsere Räume mindestens 20qm zu klein. Wenn ich mit 30 Leuten in einem Klassenraum bin und 15 Leute wollen sich gleichzeitig bewegen und der eine soll den anderen nicht stören, setzt das Raum voraus.

6.

a) Neues Mobiliar wäre wünschenswert, aber finanziell wahrscheinlich gar nicht leistbar. Und „Sitzzwang"…wie gesagt, man muss immer gucken, wie viele Leute durch eine Veränderung gestört werden. In der ersten Reihe stehen drei Leute, drei liegen auf dem Boden…das kann ich machen, wenn ich Freiarbeit mache, solange die anderen nicht gestört werden. Da wären Möglichkeiten da, aber die hören dann auf, wenn ich massiv die anderen störe. (Was wäre mit so Utensilien wie Sitzbällen?) Man kann Sitzbälle einführen, zunächst ist es wieder eine Kostenfrage. Sitzbälle nehmen auch relativ viel Platz weg. Bei kleinen Räumlichkeiten ist es also so, eine Veränderung der Sitzordnung ist auch schwieriger möglich, andere Dinge fallen weg, das spricht eigentlich gegen Sitzbälle. (Und der Aspekt der Unruhe?) Zunächst werden die sicher unruhiger auf diesen Dingen sitzen, obwohl das auch eine Trainingssache wäre. Es könnte auch sein, dass sich das verliert. Ich könnte mir auch vorstellen, wenn man das insgesamt in der Klasse durchspricht, dass man eventuell nur drei oder viel Sitzbälle hat und die dann untereinander getauscht werden.

b) Siehe oben.

c) Siehe oben.

d) Wir haben ja oben das Selbstlernzentrum mit dem Entspannungsraum. Man müsste sicher den Schulhof so gestalten, dass vor allem die Jüngeren Bewegung haben. Da ist unser Sportplatz sicher gut. Im Sommer spielen da sicher 50 bis 100 Leute Fußball. Jetzt haben wir auch den Kleinfeldplatz fertig gemacht. (Werden in den Pausen Geräte ausgegeben oder bringen die Schüler Sachen selbst mit?) Sowohl als auch. Es gibt eine Ausgabe von Geräten wie Bällen, Frisbee-Scheiben und so weiter.

e) Wenn es an den gebundenen Ganztag geht, dann muss es eine Verzahnung zwischen Sportverein und Schule geben, weil sonst bestimmte Sportvereine ihr Angebot gar nicht mehr präsentieren können. Dann sollte ein Sportverein auch in die Schule gehen um eventuell einen Schwerpunkt auch anzubieten. Wir haben ja hier eine Kooperation mit dem Herzfelder Basketballverein. Wir werden jetzt eine Profilgruppe in der Klasse 5 aufmachen in Richtung Leichtathletik. Da wird man Kooperationspartner suchen müssen, das kann dann nur von Vorteil sein. (Meine Frage wäre dann, bei leistungsbezogenen Vereinen, fängt man damit nicht nur diejenigen, die sich eh sportlich engagieren?) Es kommt immer darauf an und deshalb würde ich auch nicht nur mit Sportvereinen kooperieren, denn die sind häufig sehr ergebnisorientiert. Unser Sportunterricht will ja auch andere Dinge erreichen. Oft steht ja auch das Siegen im Vordergrund, aber man muss ja auch eine individuelle Verbesserung jedes einzelnen Schülers bemerkbar machen. Das ist eine Herausforderung. Da sehe ich durchaus Unterschiede und ich würde nicht immer nur den Leistungsaspekt sehen. Das, was ich auch im Sportunterricht erreichen kann ist so etwas wie Disziplin, dass Sport oft nur funktioniert, wenn ich meinen Mitspieler achte, weil ich nicht nur alleine spielen kann. Ich finde, man kann im Sport viele Fähigkeiten, die in der heutigen Gesellschaft benötigt werden, einfordern.

### 7.2.9 IPJoh4

1. Ich setze die Schüler um. Ich habe oft den Bio-Vorbereitungsraum, da kann man auch immer jemanden hinsetzen, wenn es ganz schlimm wird. Natürlich auch mal Strafarbeiten. (Was machen Sie präventiv?) Da fällt mir grad spontan nichts ein. Also, manche Klassen lasse ich auch erst einmal um den Sportplatz laufen. Wenn es eine Doppelstunde ist, dass ich dann sage, zwischendrin oder zu Anfang sollen die mal eine Runde drehen. (Hängt das auch mit dem Alter zusammen?) Das ist eine Quinta gewesen. Der Bewegungsdrang ist da stärker. Das war eine ganz unruhige Klasse.

2. Wenn die sich immer so nach hinten umdrehen und dann mit dem Nachbarn quatschen. Unsere Bio-Räume sind ja total klein, die Schüler sitzen sehr eng zusammen. Und dann dieses Kippeln, das finde ich auch total störend. Und gefährlich. Wenn die Stühle dann zudem noch so knartschen, das finde ich auch grauenhaft. Im Bio-Raum ist es durch neue Stühle allerdings besser geworden. Aber so etwas finde ich wirklich ätzend, wenn das solche Stühle sind, die ständig Geräusche von sich geben und die Schüler das bewusst einsetzen. (Gibt es Bewegung, wo sie sagen, „das finde ich jetzt nicht so schlimm"? Zum Beispiel diese Spielereien mit dem Bleistift?) Manchmal habe ich da auch schlechte Tage, dass ich mich dadurch auch eher gestört fühle. Und manchmal nimmt man es dann einfach so zur Kenntnis und denkt „Ach, lass ihn doch. Der hört irgendwann von alleine wieder auf."

3. Ich seh das als Zeitproblem an. Ich hab ganz viele tolle Ideen, die man machen kann. Zum Beispiel diese Bewegungsübungen mit der liegenden Acht. Oder Yoga-Übungen kann man ja auch im Kleinen am Platz machen. Auch mit Augen rollen und so weiter. Aber es nimmt auch immer viel Zeit in Anspruch und wenn ich dann die Einzelstunden hab, bis sich die Schüler oben einsortiert haben und bis alles still ist, dann ist fast die halbe Stunde um. Da kann ich dann kaum noch Hausaufgaben nachgucken und so etwas, Dinge aufschreiben. Und dann auch noch irgendwelche Bewegungen einzubauen, das finde ich dann manchmal problematisch. Würd ich aber gerne machen!

4. Ich denke, man könnte viel mehr machen, wenn man auch eine andere Zeiteinteilung hat. Viele Schulen arbeiten ja jetzt mit dem 60-Minuten-Rhythmus. Da könnte man bestimmt eine ganze Menge noch zusätzlich machen. Und dann eben auch mit dem Stationslernen. Ist ja sicher auch eine Form von Bewegung. Aber mit über 30 Kindern, manchmal haben wir hier sogar 33 in einer kleinen Klasse, dann macht das auch keinen Spaß mehr. Und dann ist das eher störend, diese Bewegung. Und sie bringt für den Unterricht nichts, obwohl ein guter Ansatz da ist. (Wir sprachen jetzt vom Unterricht. Aber was wäre denn mit dem Schulleben, also der Gestaltung von Aula, Schulhof und Klassen? Wäre da vermehrte Bewegung möglich?) Das mit dem Klassenraum ist hier an der Schule ein großes Problem, weil die Kinder nicht in der Pause in der Klasse sein dürfen. Auf dem Schulhof sind immer wieder Aktivitäten angeleitet worden, auch von der SV. Und ich denke, da könnte man gerade für die Kleinen noch viel mehr machen. Zum Beispiel Hügel, oder eben auch Spielgeräte. Hauptschulen machen das ja vor.

5. Ja, ich habe Yoga-Übungen gemacht, was man so am Platz machen kann. Ich habe Übungen der Kraft gemacht, das kommt so aus dem Asiatischen. So mit Energie wegdrücken und so etwas. (Wie hat sich das ausgewirkt?) Das ist gut angekommen! Aber dann war es auch hinterher so, dass wir es nicht so weiter fortführen konnten, das ist eben immer das Zeitproblem. Und was ich auch mache, dass ich die Klangschale benutze. Morgens wird dann nicht gebetet, sondern mit einer Klangschale gearbeitet. (Wie sieht das genau aus?) Ich schlage selbst an oder lasse die Schüler anschlagen, um zur Ruhe zu kommen. Das wird immer gut angenommen. Wenn ich frage „Beten oder Klangschale?", wir immer wieder die Klangschale genannt.

6.
a) Kann ich mir schon vorstellen, das ist ja auch mit den Bällen gemacht worden. Ich denke, das ist eine Anfangsphase, wo die dann hopsen werden, dass die dann aber auch ganz normal das als Sitzmöbel benutzen würden später.

b) Ja, wir laufen dann um den Sportplatz. Wenn zu viel Unruhe herrscht, oder in einer Doppelstunde, wenn man eine kleine Pause flexibel einsetzen kann. Aber wenn dann so eine Horde Kinder runterstürzt von oben (aus dem Biologie-Raum), dann wird es für die anderen eventuell zu laut. Die dürfen nicht gestört werden, vor allem, wenn Klassenarbeiten geschrieben werden. Ich ziehe dann immer schon durch den Treppenturm, weil das dann nicht so stört.

c) Nee…ich wüsste da nicht, wie das möglich wäre. Kann ich mir vielleicht beim Vokabellernen am ehesten vorstellen. Aber für meine Fächer weniger. Und ich habe ja mit meinen Fächern ja immer noch den Freiraum, dass ich mal nach draußen gehen kann. Na gut, man kann rausgehen zum Schulteich…das mache ich eigentlich gerne. Wenn die Klausurphase nicht so eng wäre. Das hemmt dann eben auch das Rausgehen. Mit den Kleinen bin ich vor Jahren ganz viel im Schulgarten gewesen. Und dann habe ich mit einer Klasse so ein Klassenherbarium gemacht, solche Sachen. Da ist Bewegung plus Inhalt zusammen. Manchmal fragt man sich schon, ob das so was bringt, Blumen zu bestimmen. Aber im Klassenraum sehen die ja auch nicht mehr.


d) + e) aufgrund von Zeitmangel nicht beantwortet.

### 7.2.10 IPJoh5

1. Gerade in meiner Stunde habe ich einen Schüler auf den Schrank gesetzt – man hat also unbegrenzte Interventionsmöglichkeiten. Ich muss aber sagen, dass ich gar nicht diese Erfahrungen mache. Ich habe hauptsächlich Oberstufe und kaum ganz Kleine. Ich höre von Kollegen, dass die klagen über die mangelnde Aufmerksamkeit der jungen Schüler. Ich nehme das nicht wahr, weil ich die jungen nicht habe. Bei den älteren Schülern stelle ich das nicht fest. Ich habe jetzt ab der neunten Klasse und kann das so nicht feststellen. Ich stelle fest, über die Jahre, dass die Fähigkeit, mit Texten umzugehen sinkt. Überhaupt sinkt die sprachliche Kompetenz, dass immer öfter auch Umgangssprache schon in schriftliche Auslassungen von Oberstufenschülern eindringt. Aber Disziplinprobleme treten bei mir nicht vermehrt auf. Ich kann das allerdings auch nicht ertragen. Ich stelle direkt klar, dass ich Ruhe brauche und Aufmerksamkeit möchte. (Was machen Sie präventiv?) Mir fällt da nichts ein, außer dass ich von vorneherein Leute auseinander setze. Wenn ich die Erfahrung gemacht habe, dass die zu viel reden. In der Regel mache ich das aber nicht und brauche das auch nicht.

2. Ich fühle mich durch Bewegung gestört. Ich verlange eigentlich Bewegungslosigkeit und Aufmerksamkeit. Wenn ich von einer ADS-Störung weiß, dann gehe ich natürlich darauf ein, dann verlange ich nicht dasselbe an Ruhe wie bei anderen Menschen. Was ich manchmal auch mache, ist, wenn ich eine Klassenarbeit geschrieben hab in einer Doppelstunde oder wenn die morgens ganz müde sind, dass ich die runter auf den Sportplatz schicke und einmal laufen lasse. (Altersunabhängig?) Ja, das geschieht altersunabhängig. Ich mache auch gerne Spiele. Nach Möglichkeit integriert in den Unterricht, das sind dann auch Bewegungsspiele, zum Beispiel Reise nach Jerusalem oder Vokabelspiele, wo man dann auch im Stuhlkreis sitzt. (Also bei angeleiteten Spielen würden Sie sagen, da fühlen sie sich auch nicht gestört, weil die sich in dem Moment bewegen sollen?) Ja, genau. Aber wenn man jetzt zum Beispiel über eine Quelle spricht, dann müssen sie ruhig sein.

3. Wie sähe das denn aus? Wäre das denn dann in jeder Stunde ein Element? (Das könnte sein.) Und wie wäre es mit dem Unterricht verbunden? (Es gibt Möglichkeiten, die Inhalte durch Bewegung zu vermitteln. Das muss man nicht bei jedem Inhalt machen, aber man kann Bewegung in den Unterricht integrieren, sodass man die Inhalte vermittelt werden. Oder, dass man zwischendurch den Unterricht unterbricht und eine Bewegungspause macht.) Manche von diesen Elementen sind ja bekannt. Zählt das Stationenlernen dazu? (Da wäre ja Bewegung integriert, indem man aufstehen muss, um an Materialien zu kommen, eventuell sich in Gruppen zusammenfindet, es ist keine starre Ausrichtung nach vorne von Nöten.) Und es gibt ja auch zum Beispiel das Standbild oder „eingefrorenes Bild", wo nach einer Gedichtinterpretation beispielsweise eine Szene oder ein Bild dargestellt wird, also was die ausdrückt oder was man da hinein interpretiert hat. Das kann man häufig machen. Oder die Möglichkeit, Vokabeln oder grammatische Begriffe pantomimisch darzustellen. Ich weiß nicht, ob man das dazurechnen kann. (Ja, das gehört zum „bewegten Lernen".) Ah. Also was mich stört, ist alles Dogmatische. Wieso muss man das dann „Bewegte Schule" nennen? Die Hereinnahme von mehr Bewegung ist glaube ich, ganz wichtig. Soweit ich das mitbekommen habe, ist ja auch die Motorik der nachfolgenden Schüler schwächer ausgebildet und auch die Fettleibigkeit hat zugenommen und die Sport-Ferne überhaupt. Ich denke, gerade auch in der Grundschule und später ist Sport unverzichtbar und muss wahrscheinlich auch noch erweitert werden, weil es nicht mehr dazu kommt. Ich habe aber etwas gegen starre Schemata. Ich habe keine Lust, die Auflage zu bekommen, das jede Stunde 10 Minuten zu machen. Da fühle ich mich auch gegängelt. Mal passt es, mal passt es weniger. Klar, vor einer Klassenarbeit weniger, nach einer Arbeit passt es gut. Ich hab keine generellen Einwände, aber ich habe welche gegen eine Generalisierung.

4. Es gäbe ja die Möglichkeit, erst einmal dem Fach Sport mehr Stunden zu geben. Oder jeden Mittag für bestimmte Altersstufen Sport- und Trainingseinheiten zu bieten und das verpflichtend zu machen. Es gibt ja auch diese verpflichtende Mittagspause, vielleicht kann man die dann irgendwie teilweise damit füllen. Ansonsten könnte zum Beispiel die Fachschaft Sport ein Konzept erarbeiten und das den anderen Fachschaften zur Verfügung stellen.

5. In dieser harmlosen Form des Spiels…ja, das mache ich. (Aus welchem Grund und wie wirkt sich das nachher aus?) Ich liebe das Spiel. Ich finde, ganz viel im Leben ist ein Spiel oder man kann das Leben so betrachten. Ich find den spielerischen Umgang mit Gegenständen einfach dem Menschen gemäß. Es wird jetzt philosophisch: der Mensch ist ein freiheitliches Wesen und ein Individuum. Das wird dabei gefördert. Ich möchte auch nicht nur kognitiv arbeiten, das mache ich zwar vornehmlich, aber das möchte ich nicht ausschließlich. Es geht ja auch ganz oft nicht nur um eine kognitive Rezeption, sondern auch um eine emotionale oder ganzheitliche, auch eine ästhetische. Ich finde es einfach dem Menschen angemessen, dass man auch die anderen Teile von ihm einbezieht. Die sind auch einbezogen, zum Beispiel bei Literatur, die kann man auch zum Ausdruck bringen. Manchmal ganz simpel einfach nur zur Abwechslung, zur Auflockerung, zum Luftholen. (Wenn Sie das zwischendurch nicht machen, was spricht dann dagegen, Bewegung einzusetzen?) Der Zeitfaktor. (Das höre ich nicht zum ersten Mal.) Ja, wir stehen auch gerade wegen der Schulzeitverkürzung unter großem Druck. Der Zeitfaktor kappt das meiste Schöne. Es gibt immer die Pflicht und die Kür und dafür hat man immer zu wenig Zeit.

6.

a) Ich glaube schon, dass ich Vorbehalte habe. Nicht so, was das Mobiliar beträfe, Bälle oder so. Aber die Aufhebung des „Sitzzwangs" missfiele mir. Das wäre mir zu viel Unruhe. Bezüglich der Bälle, das ist ja wahrscheinlich gut für den Rücken, dann hätte ich nichts dagegen. (Wäre alternatives Mobiliar am Johanneum möglich, anzuschaffen?) Wahrscheinlich ist es einfach schlicht eine Kostenfrage. Dann müsste ja auch die Elternschaft einbezogen werden und dann müsste man die mehrheitlich davon überzeugen. Da haben wir hier weder das Wollen noch das Wissen, denn wir haben hier auch keine Initiative, die sich dafür einsetzt.

b) Ist das eine Pause, in der man sich bewegt? (Ja, beispielsweise im 90minütigen Doppelstundenunterricht, dass man als Lehrer selbst entscheidet und einen „cut" macht um eine Bewegung anzuleiten.) Fände ich nett, da habe ich noch die drüber nachgedacht. Das wäre amüsant. (Aber würden die älteren Schüler mitziehen?) Bestimmt, das glaube ich schon. Das hängt doch auch immer damit zusammen, wie man das als Lehrer vermitteln kann.

c) Da habe ich nichts grundlegend gegen, aber das kostet Zeit. Ich würd es nicht regelmäßig machen. Nur wenn es sich zeitlich und thematisch anbietet.

d) Wäre toll. Ich glaube, in der Wirklichkeit kommen dann immer so rechtliche Bedenken, Verletzungsgefahr zum Beispiel, aber an sich fände ich das traumhaft. (Wäre das am Johanneum theoretisch möglich, das Rechtliche außen vor gelassen?) Das scheitert wahrscheinlich schon am Finanziellen. Wir haben hier ja auch eine große Raumnot, das ist ganz furchtbar. Die Oberstufen haben zum Beispiel keinen wirklichen Aufenthaltsraum, die haben nur ganz normale Klassenräume, obwohl sie viele Schüler stark sind. Das ehemalige „Blaue Zimmer", der damals mal als Raum für Oberstufenschüler zur Verfügung stand, ist nun eine Unterstufenbibliothek geworden. Dann gab es mal den Bungalow, der ist dann aber auch „abgeschafft" worden, der war völlig runtergekommen. Und vor ein paar Jahren wurde der saniert und da sind nun zwei Klassenräume drin. Insgesamt wäre das wundervoll, auch weil wir immer mehr zur Ganztagsschule werden und dann eine Betreuung über den Mittag hinaus haben. Im Grunde müsste das sein, aber wir haben keine Räume. (Und die Kapelle?) Da hat sich gerade die Fachschaft Religion noch einmal geäußert: die darf eigentlich nur zu religiösen Zwecken genutzt werden. Also auch nicht als Aufenthaltsraum. Und sie wird auch nicht als solcher genutzt.

e) Wie stellst du dir das vor? (Dass man Kooperationen mit Vereinen eingeht. Es können Leute aus den Vereinen an die Schule kommen, also hier Angebote schaffen. Oder dass man mit Klassen und Kursen die Vereine besucht oder Möglichkeiten, die sich in der Nähe bieten, nutzt.) Ich glaube, das machen die Kollegen zum Teil. Herr Ross besucht mit der Oberstufe mehrere Vereine und auch das Fitnessstudio, er zeigt also auch den Sport auf andere Weise, außerhalb des Schulsports. Generell wäre ich dafür, denn wir haben ja auch jetzt eine Tanzlehrerin, die macht ja sicherlich auch dahingehend ganz andere Sachen als ein gewöhnlicher Sportlehrer. So etwas ist sicher gut. Wir haben aber auch viele Sport-AGs, insgesamt einen breiten

AG-Bereich. Sport läuft da ganz problemlos. Das wird von älteren Schülern, von Referendaren und auch von Lehrern übernommen. So generell muss ich sagen, das ganze Thema ist sehr interessant.

## 7.3 INFO-BLATT „BEWEGTE SCHULE"

- Konzept, um vermehrt Bewegung in den Schulalltag zu implementieren: körperliche Aktivität nicht nur durch Sportunterricht, sondern auch auf dem Schulgelände, in den Räumlichkeiten, in den anderen Unterrichtsfächern
- Bewegung in den „kognitiven" Fächern als Vermittlungsform („bewegtes Lernen"), als Motivation, als Bewegungspause, als Entspannungsübung, auch als Gegenwirkung zur sich verändernden Kindheit mit weniger Bewegungstätigkeiten (gesundheitliche Begründungen)
- Bewegung durch Veränderung der Gerätschaften und des Mobiliars (z.B. Sitzbälle, altersspezifische Spielgeräte), zudem gelockerter (bzw. kein) „Sitzzwang"
- Es ist kein stringentes Konzept, bei dem man sich an eine festgelegte Zahl von Elementen halten MUSS, damit es funktioniert. Vielmehr ist die Qualität der Durchführung wichtig (wann setze ich Bewegung ein, wie setze ich sie ein, wie gehe ich mit der Bewegung der Schüler um?)
- Um die Idee durchzusetzen, brauch es auch Veränderungen seitens der Schule: alle Lehrer sollten das Konzept mittragen (Vereinheitlichung) und deshalb über Kompetenzen bezüglich des Themas verfügen, es muss bestimmte Strukturen geben (z.B. erlaubte, frei wählbare Bewegungspausen), das Material muss vorhanden sein, die Gestaltung der Innen- und Außenanlagen muss bewegungsfördernd sein
- Schüler und Eltern sind angehalten, das Konzept nicht nur mitzutragen, sondern auch mitzugestalten, um eine möglichst individuelle Entwicklung der Heranwachsenden zu gewährleisten.